ANWB Extra

Nederland

Uitgeverij ANWB

Inhoud

Nederland in cijfers

2

procent van de Nederlanders gaat tijdens een vakantie in eigen land vissen.

2,12

euro kost een patatje met gemiddeld.

2,9

kilometer fietsen we gemiddeld per dag.

6,76

meter onder NAP is het laagste punt van Nederland. Het bevindt zich in een weiland in de Zuidplaspolder ten noordoosten van Nieuwerkerk aan den IJssel.

12,30

euro (excl. entree) geven we gemiddeld per persoon uit tijdens een dierentuinbezoek (in een pretpark is dat € 21,60).

16

fietsenwinkels heeft Nederland per 100.000 inwoners.

322,4

meter hoog is de Vaalserberg, het hoogste punt van Nederland.

8900

fietsknooppunten zijn er in ons land.

Bezoekcijfers betreffen 2016

34.895
vrijwilligers zorgen ervoor dat je museumbezoek gladjes verloopt.

34.200
kilometer aan fietspaden ligt er dwars door Nederland.

41.543
km² is de oppervlakte van Nederland.

976.000
Nederlanders bezoeken jaarlijks Zuid-Limburg.

2.260.000
kunstliefhebbers kijken naar de Nachtwacht en andere hoogtepunten in het Rijksmuseum.

2.327.000
buitenlandse toeristen verblijven een of meerdere nachten aan de Nederlandse kust (69 procent van hen komt uit Duitsland).

3.519.000
Nederlanders gaan op vakantie naar Duitsland (2.545.000 naar Frankrijk, 2.182.000 buiten Europa).

4.765.000
mensen worden dolgedraaid in de Python of op z'n minst in vervoering gebracht door het Sprookjesbos in de Efteling.

5.979.000
buitenlandse toeristen bezoeken Amsterdam.

17.166.715
inwoners had Nederland op 9 november 2017
(schatting CBS)

Nederland in lijstjes

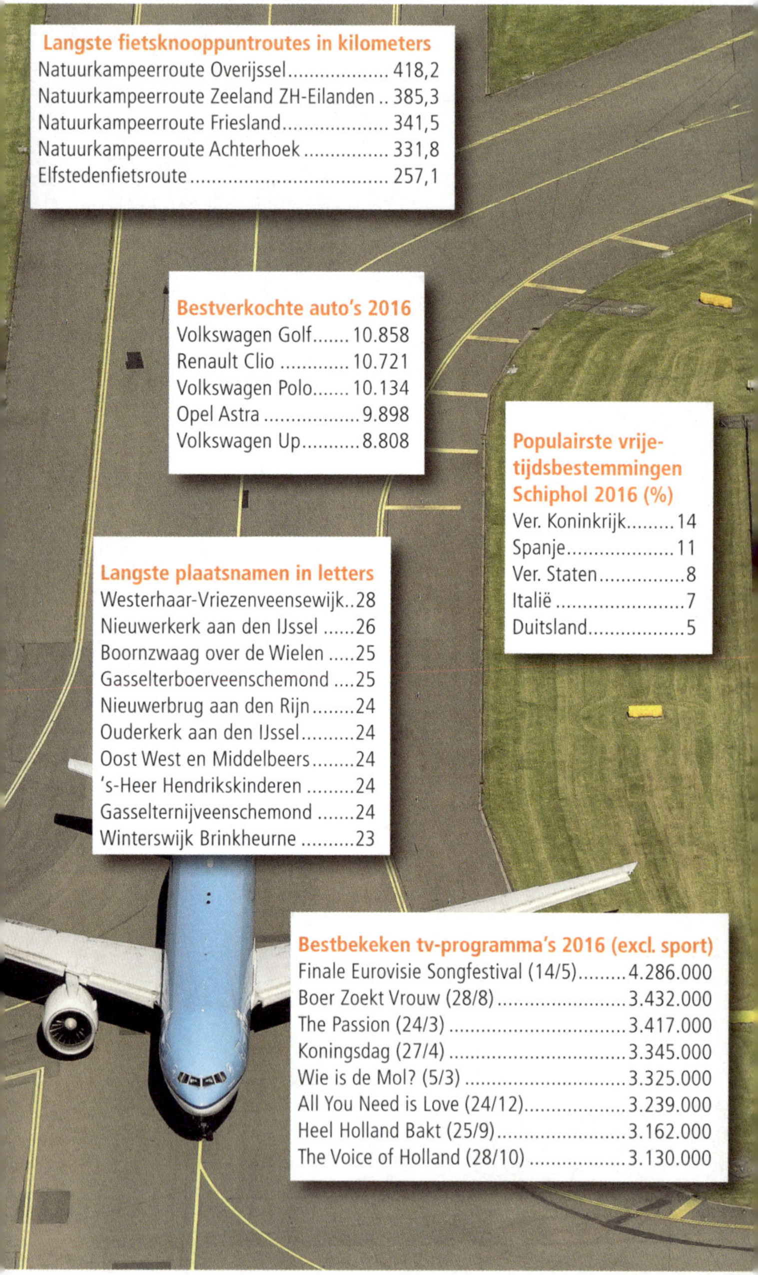

Langste fietsknooppuntroutes in kilometers

Natuurkampeerroute Overijssel	418,2
Natuurkampeerroute Zeeland ZH-Eilanden	385,3
Natuurkampeerroute Friesland	341,5
Natuurkampeerroute Achterhoek	331,8
Elfstedenfietsroute	257,1

Bestverkochte auto's 2016

Volkswagen Golf	10.858
Renault Clio	10.721
Volkswagen Polo	10.134
Opel Astra	9.898
Volkswagen Up	8.808

Populairste vrijetijdsbestemmingen Schiphol 2016 (%)

Ver. Koninkrijk	14
Spanje	11
Ver. Staten	8
Italië	7
Duitsland	5

Langste plaatsnamen in letters

Westerhaar-Vriezenveensewijk	28
Nieuwerkerk aan den IJssel	26
Boornzwaag over de Wielen	25
Gasselterboerveenschemond	25
Nieuwerbrug aan den Rijn	24
Ouderkerk aan den IJssel	24
Oost West en Middelbeers	24
's-Heer Hendrikskinderen	24
Gasselternijveenschemond	24
Winterswijk Brinkheurne	23

Bestbekeken tv-programma's 2016 (excl. sport)

Finale Eurovisie Songfestival (14/5)	4.286.000
Boer Zoekt Vrouw (28/8)	3.432.000
The Passion (24/3)	3.417.000
Koningsdag (27/4)	3.345.000
Wie is de Mol? (5/3)	3.325.000
All You Need is Love (24/12)	3.239.000
Heel Holland Bakt (25/9)	3.162.000
The Voice of Holland (28/10)	3.130.000

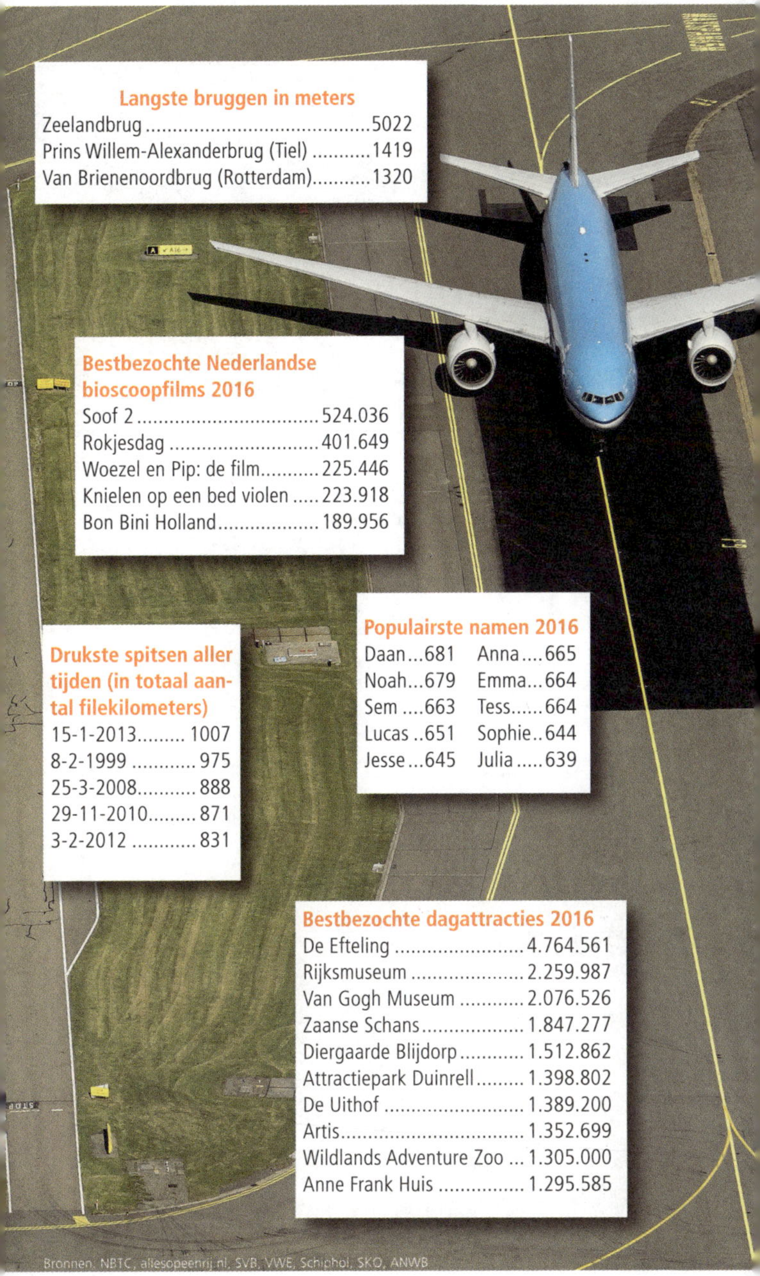

Langste bruggen in meters

Zeelandbrug	5022
Prins Willem-Alexanderbrug (Tiel)	1419
Van Brienenoordbrug (Rotterdam)	1320

Bestbezochte Nederlandse bioscoopfilms 2016

Soof 2	524.036
Rokjesdag	401.649
Woezel en Pip: de film	225.446
Knielen op een bed violen	223.918
Bon Bini Holland	189.956

Drukste spitsen aller tijden (in totaal aantal filekilometers)

15-1-2013	1007
8-2-1999	975
25-3-2008	888
29-11-2010	871
3-2-2012	831

Populairste namen 2016

Daan	681	Anna	665
Noah	679	Emma	664
Sem	663	Tess	664
Lucas	651	Sophie	644
Jesse	645	Julia	639

Bestbezochte dagattracties 2016

De Efteling	4.764.561
Rijksmuseum	2.259.987
Van Gogh Museum	2.076.526
Zaanse Schans	1.847.277
Diergaarde Blijdorp	1.512.862
Attractiepark Duinrell	1.398.802
De Uithof	1.389.200
Artis	1.352.699
Wildlands Adventure Zoo	1.305.000
Anne Frank Huis	1.295.585

Bronnen: NBTC, allesopeenrij.nl, SVB, VWE, Schiphol, SKO, ANWB

Kodakmoment

Met z'n allen op het strand

Zodra het kwik opborrelt tot boven de 30, gaan 'we' met z'n allen naar het strand. Stoeltjes mee, een parasol en natuurlijk een goedgevulde koelbox. Dat we voor we Zandvoort, Noordwijk of Scheveningen (foto) bereiken een uur (of langer) in de file staan, accepteren we als een fact of life.

Zo gaat de molen

Een kronkelweggetje, een weiland en een windmolen – hoe typisch Hollands wil je het hebben? Deze Bronkhorster Molen uit 1844 is een van de circa 1170 windmolens in Nederland. Hij staat aan de Spaensweertweg, even buiten Steenderen in de Gelderse Achterhoek.

Als de lente komt ...

... dan stuur ik jou tulpen uit Amsterdam. De mooiste velden staan langs de duinen van Zuid-Holland en de West-Friese polders, en natuurlijk in de Keukenhof in Lisse. Deze tulpenboer keurt zijn handelswaar in de kop van Noord-Holland.

Utreg me stadsjie

De kanalen van Amsterdam zijn misschien beroemder, maar in de hoofdstad kun je nergens zo lekker aan de gracht zitten als in Utrecht. In talloze gewelven aan de Oudegracht bevinden zich restaurants en cafés met heerlijke terrassen.

Schaapjes tellen

Nou, vooruit, dat hoeft niet, want Nederland telt zo'n dertienhonderd Veluwse heideschapen, verdeeld over negen kuddes. Dat is overigens te danken aan een fokprogramma, want in de jaren 60 was deze soort bijna uitgestorven.

Uit het vuistje

Voor de een een gruwel, voor de ander een delicatesse zonder weerga: rauwe haring. Nou ja, het maatje wordt niet zo rauw gegeten als we denken. Na het kaken (wegsnijden kieuwen en deel ingewanden) en zouten maakt de haring namelijk een rijpingsproces door. Hoe dan ook, fijngesneden ui erover en hopsakee aan het staartje je mond in ...

Het kompas van Nederland

#1
Ter bescherming van de hoofdstad **– de Stelling van Amsterdam**

#10
Van Texel naar Schier – **Waddeneilandhoppen**

#2

In naam van Oranje! – **Koninklijk Den Haag**

#3

Op de fiets langs containers en tankers – **het Rotterdamse havengebied**

#4

Strijd tegen het water – **de Deltawerken**

#5

Bourgondisch Nederland – **Den Bosch**

#6

Puntje met historie – **Zuid-Limburg**

#7

Herten en Van Goghs – **de Veluwe**

#8

Oudheid in de natuur – **het Drentse platteland**

#9

Rondje Friesland – **Elfstedentocht**

Ter bescherming van de hoofdstad – **de Stelling van Amsterdam**

Streden Nederlanders aan de ene kant hun hele leven tegen water, water bood hen ook bescherming. Door het bouwen van waterlinies, wisten zij eeuwenlang de vijand buiten te houden. Verken deze unieke verdedigingslinie.

Een land met zo veel rivieren, meren, polders, dat ook nog onder zeeniveau ligt, móet zich wel wapenen met water. Het idee is simpel: zodra er een vijand aankomt, zorg je dat de omgeving rondom de plek die je wilt beschermen in korte tijd onder water gezet wordt. We noemen dat **inunderen**: het water moet nét hoog genoeg staan zodat karren en paarden er niet doorheen kunnen maar te laag om er met een boot overheen te kunnen. Deze inundatiegebieden versterk je vervolgens met kazematten, bastions en forten. Op die manier hebben de Hollanders eeuwenlang binnendringers op afstand weten te houden. De Hollandse Waterlinie en de Stelling van Amsterdam zijn hier prachtige voorbeelden van.

Kinderen spelen op bunkers van kustbatterij Durgerdam, ook wel het Vuurtoreneiland genoemd. Vanuit Amsterdam kun je op gezette tijden met een boot naar het eiland om te dineren in stijl (www.vuurtoreneiland.nl).

Hollandse Waterlinie

Amsterdam had in de 17e eeuw indrukwekkende verdedigingswerken: muren en wallen met 26 bolwerken en 8 poorten verdedigden de stad. Deze vestingwerken zijn echter nooit op de proef gesteld omdat de vijand niet voorbij de (oude) **Hollandse Waterlinie** is gekomen. Dankzij het vertrouwen in het water bekwaamden de Nederlanders zich door de tijd heen in dit watermanagement avant la lettre: de waterlinie werd versterkt met kastelen, linies en vestingstadjes. In de 19e eeuw werd zelfs een geheel nieuwe linie gebouwd: de **Nieuwe Hollandse Waterlinie**: 85 kilometer lang met 46 forten van de Zuiderzee tot de Biesbosch.

Stelling van Amsterdam

Het 'centrum' van de nieuwe linie was Amsterdam, het economische hart van het land. Tijdens een oorlog zou de stad het 'nationaal reduit' zijn, het allerlaatste bastion waar de troepen, regering en koning zich zouden terugtrekken. De stad moest dus extra goed worden verdedigd. In 1871 besloot men tot de bouw van de **Stelling van Amsterdam**: 35 forten werden in een ruime cirkel van 135 kilometer om Amsterdam gebouwd. Buiten deze ring werd een ingenieus stelsel van sluizen, polders en kanaaltjes aangelegd zodat het land binnen drie dagen onderwater kon staan.

R
RAMPJAAR

In 1672, het Rampjaar, trokken Franse troepen ons land binnen. In allerijl werd er een waterlinie opgeworpen tussen de Zuiderzee (het IJsselmeer) en de Merwede. De Franse troepen konden hierdoor niet verder en Amsterdam, maar ook Dordrecht, Leiden en Haarlem waren beschermd. Hoewel, toen de vorst inviel, staken Franse troepen bij Woerden het water over en plunderden Zwammerdam. Gelukkig moesten zij snel weer terug vanwege invallende dooi.

R
RUIM

De Stelling lijkt wel heel ruim in zijn jasje te zitten als hij alleen Amsterdam moet beschermen. Echter, binnen de ring moest genoeg landbouwgrond zijn om de stad te voeden; er waren twee kruitfabrieken, drinkwatervoorziening en zelfs vliegvelden. Zo zou Amsterdam het zes maanden moeten kunnen volhouden.

Vestingstad Muiden met op de achtergrond het Muiderslot. Aan de sluis ligt Café Ome Ko 1*: heerlijk om naar bootjes te kijken.*

Van Muiderslot tot het kanaal

Het **Muiderslot** 1 beheerst al 700 jaar de monding van de Vecht. Sinds 1792 maakt het deel uit van de Hollandse Waterlinie en vanaf 1892 van de Stelling van Amsterdam. Tot 1952 was het slot zelfs militair terrein en verboden voor onbevoegden. Tegenwoordig is het kasteel een toeristenattractie van formaat (in marketingtermen: Amsterdam Castle genoemd). Je moet wel even zoeken naar de 19e-eeuwse verdedigingslinies, maar iets buiten het oude vestingstadje vind je die in overvloed. Of je neemt het bootje naar het **Forteiland Pampus** 2 waar alles over de Stelling wordt uitgelegd.

Ten zuiden van Muiden begint een groene gordel die bijna helemaal om Amsterdam ligt. De eerste stop is bij **Fort Abcoude** 3: het oudste fort (1883) van de Stelling, beheerd door Natuurmonumenten. Als je tijd over hebt, rij even een rondje Ronde Hoep: zo zag Holland er ook uit in de 17e eeuw en drink koffie bij **De Voetangel** 2.

Door uitgestrekt polderlandschap kom je aan bij de Westeinderplassen. Hier ligt **Fort Aalsmeer** 4 waar een aardig museum is ingericht over de Tweede Wereldoorlog. Nu volg je het Achterkanaal richting Haarlem, dwars door nieuwbouwwijken van Badhoevedorp en langs batterijen en bunkers. Bij **Fort Vijfhuizen** 5 kun je even stoppen bij de galerie of **Restaurant 't Fort**. Omdat er bij Spaarndam weinig plaats was om onder water te

Forteiland Pampus kun je vanaf Muiden of Zeeburg bezoeken. Hier leer je hoe de soldaten leefden, waarmee zij moesten verdedigen en hoe de Stelling in elkaar steekt.

INFO EN OPENINGSTIJDEN

Bijna alle forten zijn geopend op **Open Monumentendag** (www.openmonumentendag.nl), het **Fortenfestival** (www.forten.nl) en **Start Fortenseizoen** (www.stellingvanamsterdam.nl).

Muiderslot 1: Herengracht 1, Muiden, www.muiderslot.nl, apr.-okt. ma.-vr. 10-17, za., zo. 12-17, nov.-mrt. za., zo. 12-17 uur, € 13,50, 3-11 jaar € 9.

Forteiland Pampus 2: Veerboot ter hoogte van Herengracht 33, Muiden, www.pampus.nl, mei-okt. di.-zo. 10.30-17, apr. di.-vr. 11.30-16, za., zo. 10.30-17 uur, € 17,50, 4-11 jaar € 13,50 (veerboot en entree).

Fort Abcoude 3: Molenweg 19, Abcoude, voor openingstijden zie www.forten.nl/fort-abcoude.

Fort Aalsmeer 4: Oorlogsmuseum CRASH 40-45, Aalsmeerderdijk 460, Aalsmeerderbrug, www.crash40-45.nl, za. 11-16 uur, € 3,50, 6-12 jaar € 1,50.

Kunstfort Vijfhuizen 5: Fortwachter 1, Vijfhuizen, www.kunstfort.nl, vr.-wo. 13-17 uur, € 4, 12-18 jaar € 2; **Restaurant 't Fort**: Fortwachter 3, www.fortrestaurant.nl, di.-zo. 11-17 uur. In het fort gelegen restaurant met kunstgalerie. Let op de muurtekeningen!

Fort Zuid 6: Boezemkade 11, Spaarndam, fort-zuid.nl, ma., vr. 15.30-21, za., zo. 12-21 uur.

Forteiland IJmuiden 7: Veer vanaf Kop van de Haven, IJmuiden, voor publieksdagen zie: www.forteilandijmuiden.com, € 12,50, tot 6 jaar gratis.

Fort aan den Ham 8: Busch en Dam 13, Uitgeest, www.fortaandenham.nl, apr.-okt. wo. 10-15 uur, laatste zo. van de maand, € 3,50, 6-11 jaar € 2,50.

Fort bij Spijkerboor 9: Westdijk 46, West-Beemster, juni-sept. 11-17 uur, voor data, zie www.fortspijkerboor.nl, € 3,50, tot 12 jaar € 1.

Fort bij Edam 10: Oorgat 10, Edam, www.fortbijedam.nl, wo. 10.30-15 uur, € 3,50, 4-11 jaar € 2,50.

ETEN EN DRINKEN

Café Ome Ko 1: Herengracht 71, Muiden, www.cafeomekomuiden.nl, dag. 8-2 uur. Beroemd bruin café met terras direct aan de sluis.
Restaurant De Voetangel 2: Rondehoep Oost 3, Ouderkerk aan de Amstel, www.voetangel.nl, di.-za. 8-22 uur. Uitspanning in de Ronde Hoep met fijn terras aan het water. Ideaal als je de Stelling fietst.
Bistro Joseph aan de Poel 3: Sommeerweg 72, Aalsmeer, www.josephaalsmeer.nl, dag. 11.30-00.30 uur. Moderne bistro met burgers, steak, sliptong maar ook veel vegetarisch op de kaart. Groot terras direct aan het water in de jachthaven.
Restaurant Kinko 4: Kennemerboulevard 428, IJmuiden, www.kinko.nl, dag. 13-22 uur. All you can eat sushi, maar wel van bijzonder goede kwaliteit!
Café-Restaurant De Beurs 5: Keizersgracht 6, Edam, www.debeursetenendrinken.nl, do.-zo. 18-22 uur. Een gezellig eetcafé met degelijke kost. Het proeflokaal ernaast is van dezelfde eigenaar.

Fort Spijkerboor is het grootste fort van de Stelling van Amsterdam.

G
GROEN

De Stelling is er mede verantwoordelijk voor dat er rondom Amsterdam een groene gordel ligt. Was bebouwing voorheen verboden om het schootsveld vrij te houden, nu is zij Nationaal Park en wordt zoveel mogelijk in oorspronkelijke staat gehouden.

zetten werd het extra grote **Fort Zuid** 6 gebouwd om dit 'acces' beschermen. Nu kun je hier heerlijk lunchen en van de rust en natuur genieten. Vandaar gaat het, via het Amsterdam-Rijnkanaal, naar IJmuiden. **Forteiland IJmuiden** 7, is tijdens de Tweede Wereldoorlogopgenomen in de **Atlantikwall** en daardoor aanzienlijk uitgebreid.

Zaanstreek en Waterland

Bij **Fort aan den Ham** 8 kun je naar binnen: het fort is ingericht naar de situatie in 1910. Interessant om te zien hoe de 176 soldaten zich moesten zien te redden. Dwars door het prachtige waterland, via meertjes, sloten en rivieren, kom je aan bij het grootste fort van de Stelling: **Fort Spijkerboor** 9. Dit fort moest het noordelijke deel van de Stelling bewaken en zorgen dat de vruchtbare polders behouden bleven voor de voedselvoorziening van 1 miljoen mensen. Veel van de bewapening is nog origineel, net als de muurschilderingen, aangebracht door soldaten tijdens de Eerste Wereldoorlog. Aangekomen bij het **Fort bij Edam** 10 is de cirkel rond: met een verrekijker kun je Forteiland Pampus zien liggen.

Sinds de Stelling van Amsterdam **UNESCO Werelderfgoed** is (1996), wordt zij beter onderhouden, wordt er strenger op gelet dat er geen wegen of sporen door kwetsbare delen worden aangelegd en is de informatievoorziening over het erfgoed sterk verbeterd. Op stellingvanamsterdam.nl vind je alles wat je alijd al hebt willen weten over de Stelling van Amsterdam.

In naam van Oranje! – **Koninklijk Den Haag**

#2

Den Haag ('s-Gravenhage) is doordrenkt van koninklijk bloed. Hier is het begonnen: hier lag het hof van de Graven van Holland, hier woonden eeuwenlang generaties Van Oranje-Nassau. En vanaf 2019 resideren koning en koningin ook weer in Den Haag. Een wandeling door de Hofstad is een lesje koninklijke geschiedenis.

Laten we vooropstellen dat de monarchie een betrekkelijk jong begrip is in Nederland. Het land werd pas in 1813 een zelfstandig koninkrijk (zie ook 7). En koning Willem I was ook niet de eerste Koning der Nederlanden, dat was namelijk Lodewijk Napoleon, de broer van Napoleon. Het leuke van een wandeling door Den Haag is dat je wel 500 jaar Oranjes zult terugvinden en waar de stadhouders voorheen de scepter zwaaiden, zit nu het hart van onze democratie.

Het Mauritshuis, voorheen het stadspaleis van prins Johan Maurits met daar rechts van het Torentje. Waar nu de premier kantoor houdt, hadden in de 14e eeuw de graven van Holland hun zomerprieel.

INFO EN OPENINGSTIJDEN

Ridderzaal 1: Binnenhof 1, ma.-za. alleen met gids, voor tijden zie: www.prodemos.nl, € 5.
Mauritshuis 3: Plein 29, www.mauritshuis.nl, di., wo., vr.-zo. 10-18, do. 10-20, ma. 13-18 uur, € 14, tot 18 jaar gratis.
Escher in Het Paleis 5: Lange Voorhout 74, www.escherinhetpaleis.nl, di.-zo. 11-17 uur, € 9,50, 7-15 jaar € 6,50.
Paleis Kneuterdijk 10: Kneuterdijk 20-22, www.haagshistorischmuseum.nl/rondleidingen-door-paleis-kneuterdijk, iedere eerste vr. van de maand, 13 uur, € 12,50.
Galerij Willem V 9: Buitenhof 33, www.gevangenpoort.nl/galerij-pwv, di.-zo. 12-17 uur, € 5, tot 18 jaar gratis.

ETEN EN DRINKEN

Bodega De Posthoorn 1: Lange Voorhout 39A, www.bodegadeposthoorn.nl, dag. 10-23 uur. Heb je altijd al eens naast Mark Rutte in een café willen zitten? Ga naar De Posthoorn.
Café-bistro Walter Benedict 2: Denneweg 69A, walterbenedict.nl, dag. 9-23 uur. Gezellig eettentje met bijzonder goede croques en avocadotoast.
Peppermint ontbijt en lunch 3: Frederikstraat 983, vanaf 7.45 uur. Dé ontbijt- en koffiestop van Den Haag: meet the locals en neem een uitstekende cappuccino en croissant.
The Bookstore Café 4: Noordeinde 39, zo.-vr. 9-18, za. 9-19.30 uur. In een voormalige juridische boekhandel zit dit trendy koffiehuis. Vintage meubels, tuin en fietsenverhuur.
Slagerij Dungelmann 5: Hoogstraat 34, www.dungelmann.nl, ma. 11.30-18, di.-vr. 9-18, za. 9-17, zo. 12-17 uur. Weer zo'n begrip: bij Dungelmann haal je de lekkerste kroketten ('croquetten', zoals zij zelf zeggen) en je kunt ze ook aan een tafeltje in de slagerij opeten.

OVERNACHTEN

Hotel Des Indes 1: Lange Voorhout 54-56, www.hoteldesindesthehague.com, 2 pk vanaf € 150. Chic de friemel met beroemde gasten en high tea.

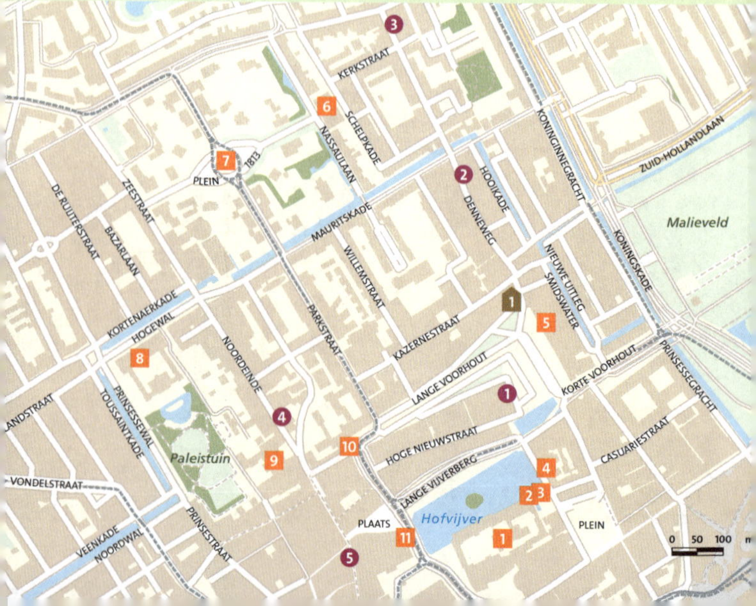

Het Binnenhof

De wandeling begint bij het Binnenhof, waar nu jaarlijks de troonrede door het staatshoofd wordt uitgesproken. Dit was het ommuurde hof van de graaf van Holland. Centraal in het Binnenhof staat de **Ridderzaal** 1, gebouwd als feestzaal door graaf Willem II en voltooid onder Floris V. In 1559 werd Willem van Oranje stadhouder van Holland met Den Haag als zetel en graaf van Holland als titel. Als we poort uitlopen, zien we links het zomerprieel van de graven van Holland, nu het **Torentje** 2 genoemd. Als er een grote zwarte BMW staat, is de premier aan het werk!

Waar tot 1983 de koninklijke familie vanaf het balkon de bevolking toezwaaide, is nu Escher in Het Paleis gevestigd, een museum gewijd aan werk van graficus M.C. Escher.

Het Mauritshuis

Mensen denken vaak dat prins Maurits – de zoon van Willem van Oranje – het **Mauritshuis** 3 heeft gebouwd, maar het was zijn neef Johan Maurits van Nassau die het stadspaleisje neerzette. Hoewel er maar heel korte tijd een Oranje heeft gewoond, heeft het wel altijd zijn naam gehouden. Vanaf 1821 werden er schilderijen uit de koninklijke collecties getoond. Tegenwoordig is het een Rijksmuseum met een fantastische collectie oude meesters. Het werd niet voor niets door de *New York Times* het mooiste museum ter wereld genoemd.

Sla nu linksaf de Korte Vijverberg in en loop langs het monumentale pand van het **Kabinet van de Koning** 4, een organisatie die de koning ondersteunt in zijn werkzaamheden. We steken over naar het Korte en Lange Voorhout: misschien wel de chicste straat van Nederland. Links aan het Korte Voorhout ligt **Bodega De Posthoorn** 1 en iets verder aan je rechterhand **Paleis Lange Voorhout** 5. Dit stadspaleis werd door koning Willem II in 1845 voor zijn zoon prins Hendrik gekocht. Zowel koningin Emma als Wilhelmina gebruikten Lange Voorhout als winterpaleis – in de zomer zaten zij op het Loo. Koningin Juliana gebruikte het als werkpaleis maar verkocht het in 1991 onder voorwaarde dat het een culturele bestemming zou krijgen. Nu zit er **Escher in Het Paleis** 5. Schuin tegenover het museum staat **Hotel des Indes** 1: een hotel waar vaak koninklijke gasten verbleven.

Houd Des Indes aan je linkerhand en loop de Denneweg in: een prettige winkelstraat met

De Gouden koets draait het Lange Voorhout op. Iedere derde dinsdag van september 'reist' de koning per koets van Paleis Noordeinde naar de Ridderzaal om de Troonrede voor te lezen. Dit gaat gepaard met veel ceremonieel.

Het monument ter ere van de oprichting van het koninkrijk in 1813. Voorop staat koning Willem II, bovenop de sokkel de 'Nederlandse maagd'.

leuke boetieks en gezellige cafés, zoals **Walter Benedict** 2. Steek vervolgens de Mauritskade over en ga de Frederikstraat in. Naast een aantal stoffenwinkels en een échte schoenmaker zit hier ook een populaire lunch- en ontbijtbar, **Peppermint** 3. Sla voor de route linksaf de Kerkstraat in. Als je denkt dat je niet verder kunt, ga het poortje door aan het einde van de straat, en loop via de parkeerplaats richting **Plein 1813**. Aan je linkerhand zie je de **Willemshof** 6, de oude **manege** van koning Willem II in neogotische stijl. In de 19e eeuw lag de manege in het **Willemspark** dat speciaal was aangelegd voor paardrijritjes van de koning. Later is van het park deze chique wijk gemaakt: brede lanen omzoomd door oude paardenkastanjes, chique witte villa's en een **standbeeld** 7 van on-Nederlandse proporties om de oprichting van het koninkrijk in 1813 te vieren.

Volg de Sophialaan en sla linksaf de Zeeweg in. Je passeert **Panorama Mesdag** (zie blz. 77), steekt de Mauritskade weer over en loopt Noordeinde in. Langs de vele galeries en de fijne Engelstalige boekhandel, zie je tegenover het standbeeld van Willem van Oranje **Paleis Noordeinde** 9 liggen. Dit is het werkpaleis van koning Willem-Alexander. Het gebouw heeft een interessante geschiedenis: het werd door de Staten Generaal ter beschikking gesteld aan de weduwe van Willem van Oranje en later geschonken aan stadhouder Frederik Hendrik. Het paleis bleef in de familie tot het staatseigendom werd tijdens Napoleon. En, hoewel zowel koningin Beatrix en als koning Willem-Alexander het paleis gebruiken, is het nog steeds eigendom van de Staat.

Heb je trek? Loop dan door naar **Slagerij Dungelmann** 5 in de Hoogstraat. Hier hebben ze de lekkerste kroketten van Den Haag!

W WILHELMINA

Op het pleintje aan de Paleisstraat, achter het standbeeld van de Vader des Vaderlands, staat het bescheiden maar mooie standbeeld van koningin Wilhelmina door Charlotte van Pallandt. De tekst 'Eenzaam maar niet alleen' is ontleend aan de titel van haar autobiografie. Vroeger lagen hier de tuinen van **Paleis Kneuterdijk**; nu zie je alleen nog de Gotische Zaal.

OM DE HOEK

Een kleine omweg is bij de Mauritskade rechts af te slaan en naar de **Koninklijke Stallen** 8 te lopen. Hier staan de paarden, koetsen en auto's van het Koninklijk Huis. De stallen grenzen aan de Paleistuin die opengesteld is voor publiek en een fijne plek om even uit te rusten. Vanaf het park zie je de achterkant van Paleis Noordeinde en het pand van het **Koninklijk Huisarchief**.

Paleis Noordeinde, het werkpaleis van de koning. In 2017 heeft de koning het paleis voor het eerst opengesteld voor publiek. Binnen enkele minuten waren de 20.000 kaartjes uitverkocht. Om bij de Koninklijke Stallen binnen te kijken, zijn jaarlijks open dagen ingesteld.

Kneuterdijk

Loop verder over het Noordeinde en sla linksaf de Heulstraat in. Op de hoek met de Kneuterdijk staat **Paleis Kneuterdijk** 10. Nu is hier de Raad van State gevestigd, maar het was tussen 1816 en 1937 in bezit van de koninklijke familie. Koning Willem II liet het tussen 1840 en 1848 verbouwen en aanzienlijk uitbreiden. Van het grote park achter het paleis en de verschillende paviljoens is alleen nog de beroemde Gotische Zaal overgebleven.

We lopen via de Kneuterdijk terug naar het Binnenhof, passeren nummer 6 – het Johan de-Witthuis – waar prins Alexander lange tijd woonde, en komen op Buitenhof aan bij de Gevangenpoort. Hier zit de **Galerij Prins Willem V** 11. Dit voormalig Stadhouderlijk Kabinet der Schilderijen is het oudste openbare museum van Nederland (sinds 1774). Prins Willem V wilde met de bouw van de 'galerij' zijn enorme schilderijencollectie voor het publiek toegankelijk maken. Na een grote restauratie is het museum in 2010 heropend en hoewel entree en faciliteiten zijn gemoderniseerd, is de galerij nog steeds ingericht naar de smaak van de 18e eeuw: de schilderijen hangen vlak naast en boven elkaar zodat de muren helemaal zijn bedekt met kunst. Er zijn in de relatief kleine ruimte wel 150 werken van onder meer Jan Steen en Peter Paul Rubens, grotendeels afkomstig uit de Koninklijke Verzamelingen.
Aan de overkant zie je het Binnenhof al liggen.

De gothische zaal van Paleis Kneuterdijk ten tijde van koning Willem II. Na de onafhankelijkheid van België had de koning ruimte nodig voor zijn aanzienlijke kunstcollectie.

3

Op de fiets langs containers en tankers – **het Rotterdamse havengebied**

De meeste mensen verkennen de Rotterdamse haven vanaf een rondvaartboot of met de auto, maar wat dacht je ervan om een keer de fiets te pakken? Deze ontdekkingsreis begint in Rozenburg en voert over de smalle landtong tussen de Nieuwe Waterweg en het Calandkanaal naar de enorme Maeslantkering en verder tot aan het Breeddiep.

Kom je met de auto, laat die dan achter op de kleine parkeerplaats aan de **Professor Gerbrandyweg** in Rozenburg (links van de weg, net voordat deze een bocht naar rechts maakt). In het voorjaar van 2018 zal de Rotterdamse **metrolijn B** doorrijden naar station Maassluis Centrum, dat vlak bij de veerpont naar Rozenburg ligt. De fiets mag gratis mee in de metro (ma.-vr. niet voor 9 of tussen 16-18.30 uur). Vanaf Rotterdam Centraal (waar fietsen te huur zijn) is het ongeveer 25 km fietsen naar Rozenburg. Zie het als een mooie warming-up (of kies voor een e-bike).

Altijd in bedrijf: de haven van Rotterdam.

Begin aan de oever van de **Nieuwe Waterweg** 1. Je staat hier midden in het Rotterdamse havengebied. Het gehamer komt van de werf van **Damen Verolme**, waar schepen en booreilanden worden gerepareerd. Met een beetje geluk zie je net hoe zo'n monstereiland de werf verlaat en naar de Noordzee wordt gesleept. Via het fietspad langs de Nieuwe Waterweg rij je vervolgens weer terug in de richting van **Rozenburg**. Op het water is het een drukte van belang met oceaanreuzen en kleinere kustvaarders. Na een tijdje komt de aanlegplaats voor de veerpont naar Maassluis in zicht. Hier bevindt zich restaurant **De Veerheuvel** 1, maar je kunt ook lekker gaan picknicken op het strandje dat even voorbij de aanlegplaats ligt. Als je toch naar de overkant moet voor de metro (zie boven), neem dan ook een kijkje bij het **Nationaal Sleepvaart Museum** 2, dat laat zien hoe kleine, maar sterke bootjes de mammoettankers veilig de haven in en uit begeleiden. Daarnaast zijn er interessante wisseltentoonstellingen over de rijke historie van de sleepvaart.

Wonder van waterbouwtechniek

Als je vervolgens het fietspad langs het water blijft volgen, kom je uit bij de **Maeslantkering** 3. Met de twee 180 m lange draaibare armen kan de Nieuwe Waterweg bij stormvloed hermetisch worden afgegrendeld. De kogelscharnieren, die zijn afgeleid van menselijke heupgewrichten, zijn de grootste ter wereld. In het **Keringhuis** 4 aan de andere kant van het water kun je alles te weten komen over dit vernuftige staaltje techniek. Als je dit wilt bezoeken, kun je met de FastFerry naar halte Hoek van Holland Haven (eens per uur, www.ret.nl).

Kunst- en vliegwerk

Aan het eind van de landtong ligt een soort rotonde met een windroos in het midden. Op een bord is te lezen welke schepen hier zoal voorbijkomen. Voor de landtong ligt het **Breeddiep** 5, een smalle passage waarin schepen bij een stevige wind soms spectaculaire manoeuvres moeten uithalen. De weg eindigt op een heuvel. Vanaf hier kun je in het zuiden de **Beneluxhaven** zien liggen, vanwaar de veerboten vertrekken naar de Engelse havens van Hull en Felixstowe.

O
OVERIGENS

De haven van Rotterdam was ooit de grootste ter wereld, maar is inmiddels voorbijgestreefd door een hele rits containerhavens in China en andere plekken in Zuidoost-Azië (en die van Dubai). Mondiaal staat Rotterdam op plek 11 (2015), maar binnen Europa is de toppositie van de **Port of Rotterdam** (voorlopig) onomstreden.

Een bos met boomskeletten

Fiets hierna langs het Calandkanaal weer terug naar Rozenburg. Algauw zie je aan je rechterhand **kleurrijke boomskeletten** staan, die de plaats markeren waar ooit een bos is aangeplant. Erachter ligt de **Scheurhaven** 6, waar veel loods- en sleepboten liggen aangemeerd. Hier vertrekt ook de FastFerry naar Hoek van Holland en de Maasvlakte. Al fietsend langs de windmolens zie je aan de andere kant van het kanaal de enorme **Petroleumhaven** liggen, waarachter de **Europoort** 7 begint.

Uniek windscherm

Langs de oever zie je een groot werkplatform voor offshore-installaties. Vaak ligt hier ook de **Thialf**, een van de grootste drijvende kranen ter wereld. Blijf langs het Calandkanaal rijden tot aan de **Calandbrug** 8, een grote hefbrug met een doorvaartopening van maximaal 50 m hoog. Dat is genoeg voor de meer dan 250 autoschepen die jaarlijks in de erachter gelegen **Brittanniëhaven** aanleggen. Om de schepen ook bij windkracht 5 of meer ongehinderd te kunnen laten passeren, is hier een enorm windscherm (1750 m lang, 25 m hoog) geplaatst, dat uniek is in de wereld. Sla voor de brug links af en rij door Rozenburg terug naar het beginpunt.

Een containerschip voor de Erasmusbrug – typisch Rotterdam.

Vissers in Vlaardingen

Onderweg terug naar het centrum van Rotterdam kom je (misschien met een kleine omweg) langs **Museum Vlaardingen** 9, over vijfduizend jaar leven met water. Je ziet er een boomstamkano, middeleeuwse grafkisten, scheepsmodellen, gereedschappen, schilderijen, prenten, kleding en nog veel meer. Het is gevestigd in het Huis met den Lindeboom, een 18e-eeuws redershuis, en een pakhuis van een voormalige haringhandel.

Jenever en chocolade

Een kwartiertje fietsen verderop ligt **Schiedam**. Bezienswaardigheden van deze 13e-eeuwse stad zijn de **Grote Kerk** uit 1400 en de oude Waag, het stadhuis, de voormalige graanbeurs en het **Zakkendragershuisje**, die allemaal uit de 18e eeuw dateren. Ook de vijf hoge molens zijn de moeite waard. Maar Schiedam staat natuurlijk vooral bekend om jenever. Nog altijd wordt deze moutwijn op traditionele wijze gestookt in een aantal van de ooit 390 branderijen – Schiedam was eind 19e eeuw voor een groot deel afhankelijk van de jeneverindustrie. In het **Nationaal Jenevermuseum** 10 kun je zien wat de drank voor de stad heeft betekend en hoe hij wordt gestookt. Het museum bevindt zich, hoe kan het ook anders, in een oude distilleerderij. Dat je in Schiedam ook terecht kunt voor non-alcoholische heerlijkheden, bewijzen ze

W
WELCOME CARD

Met de **Rotterdam Welcome Card** kun je een, twee of drie dagen (resp. € 11, 16, 20, 4-11 jaar resp. € 7,50, 10, 12) onbeperkt gebruikmaken van alle metro-, tram- en buslijnen van de RET en krijg je minstens 25 % korting op vijftig attracties, musea, restaurants en uitgaansgelegenheden. De kaart is te koop bij Rotterdam Tourist Information op Rotterdam Centraal, bij veel hotels en via www.rotterdamwelcomecard.nl.

OM DE HOEK

Riet, waterlelies, grazende paarden, joggers en fietsers en natuurlijk negentien molens uit de 18e eeuw. Decennialang hebben deze poldermolens het landschap rond **Kinderdijk** verlost van overtollig water, nu is dit UNESCO Werelderfgoed in ruste. Hoe de naam Kinderdijk eigenlijk is ontstaan? In 1421 zou hier na de Sint-Elisabethsvloed een wiegje met een ongedeerd kind zijn aangespoeld. De fiets- en wandelpaden rond de molens zijn het hele jaar door vrij toegankelijk. De molens Nederwaard en Blokweer kunnen worden bezichtigd (www.kinderdijk.nl, dag. mrt.-okt. 9-17.30, rest van het jaar 10-16 uur, € 8, 4-12 jaar € 5,50, online korting). Vanuit Rotterdam kun je ook met de boot naar Kinderdijk 1.

De molens van Kinderdijk.

bij **De Bonte Koe** 1. Deze chocolatier in een voormalige destilleerderij maakt zoetigheid in smaken die je nooit zelf had kunnen bedenken – en natuurlijk jeneverbonbons.

INFO EN OPENINGSTIJDEN

Haven: www.portofrotterdam.com.
Nationaal Sleepvaart Museum 2: Hoogstraat 1-3, Maassluis, www.nationaalsleepvaartmuseum.nl, juli, aug. ma.-vr. 11-16.30, za., zo. 12-16.30, rest van het jaar di.-zo. 13.30-16.30 uur, € 4, 4-12 jaar € 2
Maeslantkering 3: Het Keringhuis, Maeslantkeringweg 139, Hoek van Holland, www.keringhuis.nl, ma.-vr. 10-16, za., zon- en feestdagen 11-17 uur, € 2, tot 18 jaar gratis.
Museum Vlaardingen 9: Westhavenkade 56, Vlaardingen. www.museumvlaardingen.nl, di.-za. 10-17, zo.12-17 uur, € 9,50, 5-15 jaar € 2,50.
Nationaal Jenevermuseum 10: Lange Haven 74-76, www.jenevermuseum.nl, do.-zo. 12-17 uur, € 8,50 (museum en branderij), proeverij vanaf € 4,50.

ETEN EN DRINKEN

De Veerheuvel 1: Nieuweweg 1, Rozenburg, www.restaurantdeveerheuvel.nl, dag. 10.30-21 uur.
La Sicilia 2: Emmastraat 76, Rozenburg, www.lasicilia.nl, di.-zo. 16-22 uur.
Mijn Torpedoloods 3: Stationsweg 42, Hoek van Holland, www.mijntorpedoloods.nl, dag. 9-23 uur.

WINKELEN

In het havengebied valt logischerwijs niet veel te shoppen. Maar in de Rotterdamse binnenstad, en dan vooral op de **Lijnbaan** en op en rond het **Beursplein**, kun je naar hartenlust winkelen. Exclusiever, trendy boetieks vind je onder andere in de **Witte de Withstraat**, de **Van Oldenbarneveltstraat** en de **Nieuwe Binnenweg**.
De Bonte Koe 1: Lange Haven 54-56, Schiedam, www.debontekoe.nl, ma.-za. 9-17.30 uur, ook in Rotterdam (Delftsevaart 26, Bergse Dorpsstraat 25).

ACTIEF

Rondvaarten door de haven: Spido, vertrek Willemsplein 85, Rotterdam, www.spido.nl, diverse afvaarttijden, zie website, havenrondvaart 75 min. € 13,25, 4-11 jaar € 8. Rondvaarten door de haven en themacruises zoals een avondcruise met een mosselproeverij. In juli en augustus worden verschillende dagtochten georganiseerd, onder andere naar de Tweede Maasvlakte, Willemstad en Slot Loevestein.
Met de boot naar Kinderdijk 1: vertrek Boompjeskade, www.rebus-info.nl, eind mrt.-okt., di.-zo. 12 uur. Boottocht van Rotterdam naar Kinderdijk.

Strijd tegen het water – **de Deltawerken**

#4

Een rondje Oosterschelde geeft de beste indruk van de inspanning en vernuft die het heeft gekost om het land te beschermen tegen het water, en tegelijkertijd de natuur te sparen.

Luctor et Emergo

Ik vecht en kom boven, de lijfspreuk van de provincie is afkomstig van de eeuwenlange strijd tegen het water.

Tot in de 20e eeuw bestond Zeeland uit honderden eilandjes die met elkaar waren verbonden door veren en pontjes. De ligging van al deze eilandjes veranderde constant. Deels door mensenhanden, die dijken aanlegden, kreken kanaliseerden of zelfs land teruggaven aan de zee. Deels door de natuur: overstromingen en stormvloeden kwamen regelmatig voor waardoor soms zelfs hele dorpen verloren gingen, zoals het dorpje **Koudekerke**.

Kroon op de Deltawerken: de Oosterscheldekering. Door getij toe te laten in de Oosterschelde, is de unieke natuur grotendeels gespaard.

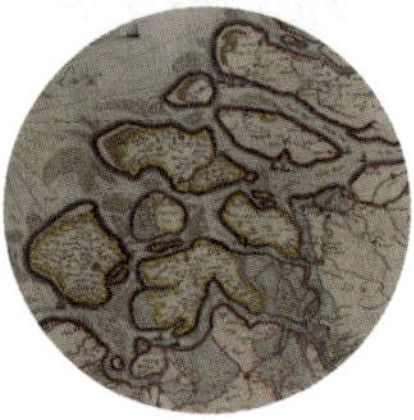

In de 17e eeuw was Zeeland een verzameling eilanden die nauwelijks onderling waren verbonden. Veere en Zierikzee liggen gewoon nog aan zee. Nu begrijp je ook beter waarom die Zeeuwse steden zulke belangrijke havenplaatsen waren.

De Watersnoodramp van 1953

De **Watersnoodramp** van 1953 was de aanleiding om te beginnen met het grootste infrastructurele project dat ooit heeft plaatsgevonden in Nederland. In de nacht van 31 januari op 1 februari kwam het water bij springtij zo hoog dat het de binnenzijden van de dijken wegspoelde. De eerste dijken braken op Walcheren, Noord-Beveland en Goeree-Overflakkee. Al snel volgden dijken in Noord-Brabant en de Zuid-Hollandse Hoeksche Waard. Binnen enkele uren stond ook het grootste deel van Schouwen-Duiveland blank. De Nederlandse regering en de bevolking hadden eigenlijk pas de volgende dag echt door hoe groot de ramp was: 1836 mensen waren overleden en meer dan 100.000 dakloos.

Duidelijk was dat er snel iets moest gebeuren. Er werd een Deltacommissie opgericht en al in 1957 werd de Deltawet aangenomen die erin voorzag dat de kust met 700 kilometer werd ingekort: afgezien van de waterwegen naar Antwerpen en Rotterdam zou de hele kust worden afgesloten. Al in 1958 kwam de stormvloedkering in de **Hollandse IJssel** gereed, spoedig volgden de afdamming van het **Veerse Gat** (bij Vrouwenpolder) en de **Zandkreek**, in 1971 volgden de sluizen bij het **Haringvliet** en een jaar later was de **Brouwersdam** af. De moeilijkste onderdelen: de keringen in de **Oosterschelde** en **Nieuwe Waterweg** waren tot het laatst bewaard.

Sinds 2002 is de Oosterschelde Nationaal Park. Door de kering is de Oosterschelde een ondiepe zeearm geworden en een belangrijke rustplaats voor trekvogels. Ook floreren hier bruinvissen, kreeften, inktvissen en zelfs zeepaardjes.

Oosterscheldekering

Oorspronkelijk zou de gehele Oosterschelde door een dam worden afgesloten maar zowel natuurbeschermers als vissers kwamen hiertegen in opstand. Het unieke getijdenlandschap moest beschermd worden. Er kwam een alternatief: een dam, voorzien van sluizen die slechts in noodsituaties gesloten zouden worden. Het nieuwe plan voorzag in 62 openingen van elk 40 meter breed waardoor de getijdenwerking zoveel mogelijk in stand zou blijven.

De bouw van de Oosterscheldekering begon met de aanleg van werkeiland **Neeltje Jans** 1. Nu wordt Neeltje Jans nog steeds gebruikt voor onderhoud aan de Oosterscheldekering maar is het vooral een informatie- en recreatiecentrum. Er is van alles te vinden over de stormvloedkering en

De Deltawerken brachten ook een betere verbinding tussen de verschillende Zeeuwse eilanden met zich mee. De Zeelandbrug 2 was bij oplevering de langste brug van Europa en is nog steeds de langste brug van Nederland.

andere waterwerken in Zeeland en Zuid-Holland. Een van de pijlers is zelfs geopend voor publiek en er kunnen rondvaarten over de Oosterschelde gemaakt worden. Ook voor kinderen is er genoeg te doen: er is een waterspeelplaats, worden zeehondenshows opgevoerd en er kan zelfs gezwommen worden met zeeleeuwen. Voor een lekker hapje en drankje ben je bij **Proef Zeeland** 1 op de juiste plek.

Over de dijk naar Zierikzee

Tussen Westerschouwen en Zierikzee loopt een mooie wandel- en fietsroute die een goed beeld geeft van de Oosterschelde en het laag liggende achterland. Bij de **Plompe Toren** 2 van Kouderkerke vind je uitgebreide informatie over de omgeving. Vooral bij laagwater is de kans groot dat je een zeehond ziet die op de drooggevallen stukjes land ligt te zonnen. Onderweg kom je langs twee leuke uitspanningen, die beide de moeite van een stop waard zijn: **'t Oliegeultje** 2 en **De Heerenkeet** 3. In de verte zie je de torentjes van Zierikzee al opdoemen en naar rechts strekt de **Zeelandbrug** uit over het water. **Zierikzee** zelf is een interessant havenstadje met gezellige pleintjes, cafés en een bijzondere kerk met stompe toren. Vergeet niet **Boekhandel de Vries** 1 even binnen te lopen: zij hebben een grote collectie boeken over Zeeland. Net buiten de stadsmuur

Al vanaf de 14e eeuw kwam de Oosterschelde steeds dichter bij het dorp Koudekerke te liggen. In 1535 besloot men de kerk af te breken; de toren liet men staan. Tegenwoordig is deze Plompe Toren het enige dat nog over is van het dorp. De toren kun je nu beklimmen vanwaar je een prachtig uitzicht hebt over aan de ene kant de Oosterschelde en de Oosterscheldekering en aan de andere kant het lege, platte land van Schouwen-Duiveland.

ligt de **Museumhaven** 3 met tal van historische schepen en een museumwerf waar altijd wel aan een schip wordt gewerkt.

INFO EN OPENINGSTIJDEN

Neeltje Jans 1: Faelweg 5, Eiland Neeltje Jans, Vrouwenpolder, www.neeltjejans.nl, eind mrt.-okt. dag. 10-17 uur, openingstijden laagseizoen, zie website, € 22,50, 4-11 jaar € 17, 2-3 jaar €8, online € 2 goedkoper.
Watersnoodmuseum 3: Weg van de Buitenlandse Pers 5, Ouwerkerk, www.watersnoodmuseum.nl, apr.-nov. dag. 10-17, nov.-mrt. di.-zo. 10-17 uur, € 9,50, 5-12 jaar € 4,50.

ETEN EN DRINKEN

Proef Zeeland 1: Faelweg 5, Eiland Neeltje Jans, Vrouwenpolder, www.proefzeeland.nl, ma.-za. 9-17, za. 9-18 uur. Verser dan hier krijg je het nergens: mosselen, kreeft, oesters zo uit de zee. Om mee te nemen of op het terras op te eten.
Restaurant 't Oliegeultje 2: Havenplateau 1, Burghsluis, www.oliegeultje.nl, mrt.-okt. zo.-vr. 12-20, za. 12-21, nov.-feb. vr. 17-20, za. 12-20, zo. 12-19 uur. Eenvoudig visrestaurant met prachtig uitzicht over het voormalige veerhaventje en de Oosterschelde.
Restaurant De Heerenkeet 3: Boogerdweg 1, Kerkwerve, deheerenkeet.nl, di.-vr., zo. 10-21, za. 9-21. Fine dining aan de Oosterschelde met Zeeuwse producten. Ze verhuren ook een appartement met mooi uitzicht.
Strandpaviljoen De Banjaard 4: Banjaardweg, Kamperland, www.banjaardstrand.nl. Strandpaviljoen aan een van de schoonste stranden van het land met uitzicht op de Oosterscheldekering.

OVERNACHTEN

Breezand Beach Houses 1: Hopman de Rijklaan 2, Vrouwenpolder, www.breezandbeachhouses.nl, mrt.-nov.,weekend 4 pers. vanaf € 550. Een huisje op het strand. Romantischer kan het niet: vrij uitzicht op zee, eigen voorzieningen en rust.

WINKELEN

Boekhandel de Vries 1: Havenplein 14, Zierikzee, boekhandeldevries.nl, ma. 10.30-17.30, di., wo., vr., 9-17.30, do. 9-20, za. 9-17 uur. De Vries heeft een interessante selectie Zeelandia.

Watersnoodmuseum

Iets verder naar het oosten ligt in Ouwerkerk het **Watersnoodmuseum** 4, gebouwd in vier Phoenix-caissons, die negen maanden na de ramp zijn gebruikt om de laatste breuk in de dijk te dichten. Het is een museum om stil van de worden. Op een paneel staan alle namen van de slachtoffers, journaalbeelden van toen tonen de ontreddering, de redding en de hulp. Een maquette laat zien waar de dijken precies doorbraken.

De **Zeelandbrug** 5 verbindt Schouwen-Duiveland met Noord-Beveland, waar het stadje Colijnsplaat ligt. **Colijnsplaat** 6, zoals iedere plaats in Zeeland, heeft een opmerkelijk verhaal over de Watersnood. Met man en macht heeft de bevolking de hele nacht vloedplanken op zijn plaats gehouden totdat de planken begonnen te breken. Op dat moment braken de trossen van een aangemeerd schip en kwam het schip voor de breuk te liggen. Hierdoor werd Colijnsplaat gespaard! Ter herinnering is een monument geplaatst in de vorm van een aanstormende golf die door een hand wordt tegengehouden.

De Zeeuwse kust

Je zou na alle verhalen over de ramp bijna vergeten dat Zeeland een vakantieland bij uitstek is. Bij **Breezand** vind je de schoonste stranden van Nederland en prachtige duinenrijen. Vanuit je eigen **strandhuisje** 1 heb je een fantastisch uitzicht op de Oosterscheldekering.

Dit rondje Oosterschelde is makkelijk in een dag met de auto te berijden, maar kun je ook prima fietsen (53 km). Begin bij Neeltje Jans en eindig bij Breezand.

OM DE HOEK

Veere is een van de mooiste stadjes van Zeeland. Hier lijkt de tijd te hebben stilgestaan. De enorme kerk herinnert aan een roemrijk verleden en de monumentale huizen verwijzen naar de lucratieve handel met vooral Schotland. In een van de vestingtorens is het exquise restaurant De Campveerse Toren gevestigd.

De Zuidhavenpoort is een van de drie stadspoorten van Zierikzee. De poort en delen van de muur stammen uit de 16e eeuw. De poort zelf herbergt het oudste carillon van Nederland.

R ROUTE

Samen met de ANWB heeft Rijkswaterstaat verschillende routes gemaakt over de Deltawerken. Van een autoroute langs alle Deltawerken van 457 kilometer tot de fietsroute 'Kroon op de Deltawerken' door de kop van Schouwen-Duiveland. Ook zijn er audiotoers ingesproken voor Neeltje Jans en een wandelroute om het Veerse Meer gemaakt: www.beleefdedeltaroute.nl. Verder is er een langeafstandswandelroute om de Oosterschelde (196 km) die gemakkelijk kan worden ingekort. Kortom: er zijn verschillende manieren om de Deltawerken te beleven.

#5

Bourgondisch Nederland – **Den Bosch**

Geen twijfel, geen discussie: 's-Hertogenbosch is de mooiste parel aan de ketting van Noord-Brabant. Daarnaast is het ook de meest bourgondische stad van de provincie. Waarschijnlijk zelfs van Nederland, hoewel Maastrichtenaren het daar niet mee eens zullen zijn. En dan kun je je in het Museumkwartier ook nog eens onderdompelen in (Brabantse) kunst en cultuur. Je zou er poëtisch van worden ...

Kloppend hart van Den Bosch is de Markt, waarvandaan grote en kleine straten alle kanten op waaieren. En ze zien er allemaal even aantrekkelijk uit. Winkels van bekende ketens, kleine boetieks en talloze horecagelegenheden rijgen zich aaneen. Dat eten, drinken en de daarbij behorende (Brabantse) gezelligheid hier hoog in het vaandel staan, is vooral in de warmere jaargetijden goed te merken. Hoewel, de Bosschenaren weten er eigenlijk altijd wel een feestje van te maken.

Het meest bourgondische straatje van het land – Korte Putstraat.

Smulstraat pur sang

Dat Den Bosch het bourgondische hoogtepunt van het land is, merk je het beste in de **Korte Putstraat** ❶. Waar anders vind je in één straatje – misschien is steeg wel een betere omschrijving – zo veel gezellige eetgelegenheden bij elkaar? Maar het gaat hier niet om de kwantiteit, maar om de diversiteit en de vaak hoge kwaliteit van het culinaire aanbod. En in de zomer voelt het door de aaneengesloten rijen tafeltjes alsof de Korte Putstraat één langgerekt terras is.

Je kunt hier de plank niet echt misslaan, maar een aantal favorieten zijn **Breton** (nr. 26), waar uitsluitend (tal van) voorgerechten op de kaart staan, **Lux** (nr. 23), dat behalve een terras ook een geweldige binnentuin heeft, het Zuid-Franse **Le Méridien** (nr. 20), **Bistro Tante Pietje** (nr. 14), dat kan bogen op een mooie geschiedenis, **In den Zevenden Hemel** (nr. 13) en **Zoetelief** (nr. 10), waar je bij de borrel naast bitterballen ook heerlijke *plats de charcuterie* kunt bestellen.

Zeg je Den Bosch, dan zeg je Bossche bol. De beroemde, in chocolade gedoopte en met slagroom gevulde bol hoort net zo bij de stad als de Sint-Jan en Jeroen Bosch. Dé Bossche bol koop je bij ***Jan de Groot*** *🛍1, waar vaak een rij tot buiten staat.*

Michelinsterren

Maar culinair Den Bosch is natuurlijk meer dan alleen de Korte Putstraat. Het stadje heeft maar liefst twee restaurants met een Michelinster. Bij **Noble** ❷ geniet je in een trendy-modern interieur van de topgerechten van chef-kok Edwin Kats. In de zomer kijk je vanaf het terras prachtig uit over de Dommel – nóg maar een digestiefje? **Sense** ❸, naast het Jeroen Bosch Art Center, oogt wat klassieker. Maar ook hier worden, onder leiding van chef Dennis Middeldorp, moderne gerechten op tafel getoverd – uiteraard begeleid door topwijnen!

Eén groot terras

Het terrassenseizoen begint traditiegetrouw vroeg in Den Bosch. Na maanden bij de kachel is het in het voorjaar tijd om je te laten zien, bij te kletsen en flink te borrelen. Dat kan in deze stad, het zal je niet verbazen, op zo'n beetje elke straathoek. Veel terrassen vind je op de **Markt** ❹, waar het altijd razend druk is, de **Parade** ❺, met veelal jong publiek, het **Minderbroedersplein** ❻ en rond de **Hofvijver** in het Paleiskwartier (bijvoorbeeld bij stadsbrouwerij **Jongens van De Wit** ❼, waar je echte Bossche

K
KOEKJES-
KUNST

De meisjes van Verkade, wie kent ze niet? De plek waar tot eind vorige eeuw koekjes werden gebakken, is omgetoverd tot multifunctioneel kunst- en cultuurcentrum. De karakteristieke eigenschappen van de fabriek – de bakkerij- en expeditiehallen aan de Boschdijkstraat – werden behouden, andere delen werden gesloopt. Mooi detail: de achttienduizend gele vloertegels uit de expeditie werden verwijderd, stuk voor stuk schoongebikt en opnieuw geplaatst. De **Verkadefabriek** 2 heeft theater- en filmzalen, repetitieruimten en een café-restaurant met terras.

bieren kunt proeven. Een 'verborgen' pareltje is de Snellestraat, waar je ontzettend leuk – en verrassend rustig – kunt zitten bij hippe eettentjes als **Dit** 8 en **Nom Nom** 9. Rustig is het zeker niet in de **Korenbrugstraat** 10. Hier wordt gegeten, gedronken en gekletst dat het een lieve lust is. Zittend op het terras of ervoor staand – met terrasverordeningen nemen ze het hier gelukkig niet zo nauw.

Een museum in een bouwloods

Een citytrip Den Bosch is niet compleet zonder een bezoekje aan de **Sint-Janskathedraal** 1, een van de mooiste kerken van Nederland, die zich hoog boven het centrum verheft. Het godshuis is uitbundig versierd met beelden; het zouden er maar liefst zeshonderd zijn! In de kathedraal is een aantal interessante kunstschatten te bewonderen, waaronder een 13e-eeuws genadebeeld dat wonderdadige kracht zou bezitten, een koperen doopvont (1492), iconen en een 15e-eeuws lijdensaltaar uit Antwerpen.

Er is twee eeuwen gewerkt aan de Sint-Jan. Het onderhoud stopte nooit. In **Museum De Bouwloods** naast de kerk kun je met eigen ogen zien hoe de bouw van zo'n megakathedraal in zijn werk ging. Er staan ongeveer tweehonderd beeldhouwwer-

De Sint-Janskathedraal in volle glorie.

Het Noordbrabants Museum.

ken tentoongesteld die de kerk ooit sierden, maar inmiddels zijn vervangen door replica's.

Museumkwartier

Ten zuiden van het centrum ontstond een paar jaar geleden het chique **Museumkwartier**, waarin de twee belangrijkste musea van Den Bosch een plek hebben gekregen. In het **Noordbrabants Museum** 3 komen Brabantse kunst, cultuur en geschiedenis op een eigentijdse en aansprekende manier tot leven. De collectie omvat meer dan dertigduizend objecten, zoals schilderijen, prenten, tekeningen, textiel, munten en penningen, glaskunst, zilver, kunstnijverheid en archeologie. Je wordt hier aan de hand genomen op een reis langs de hoogte- en dieptepunten van de provincie. Zuid-Nederlandse schilderkunst uit de tijd van Pieter Brueghel, werken van Van Thulden en Bosschaert uit de barok, maar ook veel moderne en hedendaagse kunst. Daarnaast zijn er vaak erg leuke wisselende exposities. Het museum is gevestigd in het 18e-eeuwse Gouvernementspaleis. De salons hebben door de uitgebreide renovatie de stijlvolle grandeur van weleer verkregen.

In het **Stedelijk Museum 's-Hertogenbosch** 4 staan hedendaagse beeldende kunst en vormgeving centraal, 'op het snijvlak van beeldende kunst en design'. De kern van de verzameling wordt gevormd door de collecties moderne en eigentijdse sieraden en keramiek – van Pablo Picasso en Alessandro Mendini tot Gijs Bakker en Hella Jongerius.

Het moderne gebouw met bijzondere glaspanelen valt op in de monumentale omgeving. Blikvanger is de sculpturale trap in de entreehal. De tentoonstellingsruimte op de eerste verdieping is een zogenaamde *black box*, een multifunctionele, flexibele ruimte met verrijdbare deuren van vier meter hoog.

Den Bosch' beroemdste schilder

Uiteraard heeft de belangrijkste telg van de stad zijn eigen museum. Het **Jheronimus Bosch Art Center** 5 is – gezien Bosch' werk erg toepasselijk – gevestigd in een voormalige kerk. Het 'kennis- en ervaringscentrum' geeft – zonder ook maar één originele Bosch, er hangen alleen reproducties – een uitgebreid overzicht van het leven en werk van de middeleeuwse kunstenaar, maar toont ook moderne interprertaties van zijn werk. Het pleintje voor het museum werd bij de opening in 2007 omgedoopt tot Jeroen Boschplein. Gek genoeg is het de eerste straat in Den Bosch die naar de schilder verwijst.

Fluisterboot op de Binnendieze.

Onder de huizen door

In Den Bosch kun je met een open fluisterbootje door de natte 'ingewanden' van het stadje over de **Binnendieze** 1. Anders dan in Amsterdam of Utrecht vaar je achter de huizen langs en vaak zelfs eronderdoor. Onder de stad en achter vaak monumentale panden ontdek je allerlei verrassende plekjes. De gids laveert je elektrische bootje door het soms erg nauwe kanalenstelsel en vertelt over de historie van de stad en het water. Hierbij lepelt hij talloze leuke wetenswaardigheden en anekdotes op.

INFO EN OPENINGSTIJDEN

Sint-Janskathedraal 1: hoek Choorstraat/Parade, www.sint-jan.nl, ma.-za. 8-16.30/17, zo. 9-17 uur, behalve tijdens kerkdiensten, € 5, 4-12 jaar € 2,50. **Bouwloods:** Torenstraat 16, www.sintjansmuseumdebouwloods.nl, di.-zo. 12.30-15.30, € 3, tot 12 jaar gratis. **Verkadefabriek** 2: Boschdijkstraat 45, www.verkadefabriek.nl, kassa dag. 13-22 (zo. vanaf 10.45) uur, café-restaurant dag. vanaf 11 uur. **Noordbrabants Museum** 3: Verwersstraat 41, www.hetnoordbrabantsmuseum.nl, di.-zo. 11-17 uur, € 12, tot 18 jaar gratis. **Stedelijk Museum** 4: De Mortel 4, www.sm-s.nl, di.-zo. 11-17 uur, € 7, tot 18 jaar gratis. **Combikaartje** beide musea € 15. **Jheronimus Bosch Art Center** 5: Jeroen Boschplein 2, www.jheronimusbosch-artcenter.nl, apr.-okt. di.-zo. 11-17.30, nov.-mrt. di.-zo. 12-17.30 uur, jan. (na kerstvakantie) en feb. gesl.

OVERNACHTEN

The Duke 1: Kerkstraat 89, www.thedukehotel.nl, 2 pk vanaf € 125. Heerlijk boetiekhotel op een toplocatie tussen de Korte Putstraat en de Sint-Jan. Een aantal kamers heeft een balkon waarop het ontbijt kan worden geserveerd.
't Keershuys 2: Lepelstraat 45, www.keershuyshotel.nl, 2 pk vanaf € 130. Stijlvolle kamers in een pand dat ooit onderdeel was van de stadsmuur, op kruipafstand van de terrassen van de Korenbrugstraat.

ETEN EN DRINKEN

Korte Putstraat 1: **Breton** (26), www.brasserijbretonn.nl, di.-zo. vanaf 12 uur, **Lux** (23) www.luxdenbosch.nl, do.-zo. 15-22, ma.-wo. 17-22 uur, **Le Méridien** (20) www.le-meridien.nl, dag. 17.30-22 uur, **Tante Pietje** (14), www.bistrotantepietje.nl, ma.-do. vanaf 15.30, do.-zo. vanaf 11.30 uur, **Zoetelief** (13), www.zoetelief.nu, ma.-vr. 11-1.30, za., zo. 9.30-1.30 uur, **In den Zevenden Hemel** (10), www.indenzevendenhemel.com, dag. vanaf 12 uur.
Noble 2: Wilhelminaplein 1, www.restaurantnoble.nl, dag. vanaf 12 uur.
Sense 3: Jeroen Boschplein 6, www.senserestaurant.nl, dag. lunch di.-za. vanaf 12, diner ma.-za. vanaf 18 uur.
Jongens van De Wit 5: Hofvijver 4, www.jvandew.nl, di.-zo. vanaf 11 uur.
Eetbar Dit 8: Snellestraat 24, www.eetbardit.nl, dag. vanaf 10 (ma. 11) uur.
Nom Nom 9: Postelstraat 79, www.nomnom.nu, di.-do. vanaf 12, vr. vanaf za., zo. vanaf 10 uur.

WINKELEN

Leuke **winkelstraten** zijn de smalle Ridderstraat, die uitkomt op een schattig pleintje, de Krullartstraat en de Verwersstraat.
Banketbakkerij Jan de Groot 1: Stationsweg 24, www.bosschebollen.nl, ma.-vr. 8-18 (do. 21) za. 8-17) uur.
Meneer de Bakker 2: Achter Het Verguld Harnas 6, ma.-vr. 9-18, za., zo. 8-17 uur. Heerlijk brood en gebak, maar neem vooral een (warm) worstenbroodje (en een paar voor in de diepvries).

ACTIEF

Rondvaart Binnendieze 1: opstappen tegenover Molenstraat 15a, www.dagjedenbosch.com, apr.-okt. dag. grofweg 10-17 uur om de 20 min., duur ca. 50 min., € 8, 4-12 jaar € 4.

6

Puntje met historie – **Zuid-Limburg**

Idyllische heuvelflanken, kastelen, wijngaarden. Verstilde dorpen met vakwerkhuizen, gelegen tussen hoogstamboomgaarden en meanderende beekjes. Cultuurhistorische sporen, mergelgroeven en een tastbaar aanwezig mijnbouwverleden. Bourgondisch Maastricht, Valkenburg en het Drielandenpunt in Vaals. Het uiterste zuiden is niet voor niets de bekendste en populairste streek van Limburg.

Maastricht is zonder twijfel een van de mooiste steden van het land. Alleen al de 13e-eeuwse Sint Servaasbrug over de Maas is een genot voor het oog. De stad staat bol van de indrukwekkende monumenten, smalle steegjes, prikkelende architectuur, verrassende winkels en lommerrijke pleinen. Maastricht was als Mosa Trajectum van 382 tot 721 bisschopszetel. Meer dan 1600 historische bouwwerken vallen onder monumentenzorg en creëren samen met de vele cafés, bistro's en winkeltjes de bijzondere sfeer in de stad.

De Sint-Servaasbrug over de Maas in Maastricht.

Op de plek waar al in de 4e eeuw een kerk stond, werd rond het jaar 1000 begonnen met de bouw van de **Onze-Lieve-Vrouwebasiliek** 1. In de Mérodekapel staat het beeld van Stella Maris. Twee keer per jaar, tijdens de kleine processie in de Stokstraat en bij de grote stadsprocessie, wordt het beeld van Onze Lieve Vrouwe Sterre der Zee door de stad gedragen. De schatkamer bevat kerkelijke kunst en kunstnijverheid.

Hier vlakbij ligt de **Helpoort** 2, de enige nog overgebleven stadspoort van de stad en tevens de oudste van het land. Hier is een expositie te zien over Maastricht als vestingstad.

Volgens Maastrichtenaren gezelliger dan het Vrijthof: het Onze Lieve Vrouweplein voor de gelijknamige basiliek.

Reliekenschat

De andere bezienswaardige kerk van de stad is de romaanse **Sint-Servaasbasiliek** 3, die in de 11e eeuw werd gebouwd boven het graf van de heilige Servatius. Karel de Grote schonk de kerk een reliekkruis, het begin van een belangrijke reliekenschat, die om de zeven jaar (2018, 2025) het doel is van een bedevaart. De schatkamer omvat schilderijen, beelden en liturgische voorwerpen. Het pronkstuk is het reliekschrijn met de gebeenten van de heilige Servatius en de heilige Martinus.

Op het Vrijthof staat het **Spaans Gouvernement**, een historisch bouwwerk waar in de 16e eeuw de Spaanse gouverneur zetelde. Hierin bevindt zich het **Museum aan het Vrijthof** 4 met een verzameling kunst, meubilair en antiek.

Spectaculair museumgebouw

De belangrijkste kunstverzameling van Maastricht bevindt zich buiten het oude centrum, op het Centre Céramiqueterrein. Het **Bonnefantenmuseum** 5 is ondergebracht in een spectaculair gebouw van Aldo Rossi. Tot de verzameling oude kunst behoren onder andere middeleeuwse sculpturen, vroeg-Italiaanse schilderkunst en Zuid-Nederlandse schilderkunst uit de 15e tot de 17e eeuw, waaronder werken van Pieter Brueghel de Jonge en Pieter Aertsen. De kern van de collectie hedendaagse kunst wordt gevormd door Amerikaanse *minimal art*, Italiaanse *arte povera* en werk van onder anderen Kiefer, Nitsch en Warhol. Bovendien bezit het museum een collectie werken van Limburgse kunstenaars uit de periode 1870 tot 1970.

O
OVERIGENS

Cultuurcentrum Centre Céramique, ontworpen door Jo Coenen, herbergt onder meer een bibliotheek en tentoonstellingsruimte. Je kunt hier ook een kop koffie drinken, de krant lezen, lunchen of gewoon de architectuur bewonderen. In het centrum staan de replica van de 'Parijse' maquette van Maastricht van rond 1750 en een maquette van het Céramiqueterrein zelf.

Fort Sint Pieter, een verdedigingswerk uit 1701-1702, ligt boven de grotten van de Sint-Pietersberg.

Ondergronds

Ten zuiden van Maastricht ligt de bekende **Sint-Pietersberg** van zacht kalksteen, in de volksmond mergel genoemd. Door de eeuwenlange winning hiervan is een enorm doolhof ontstaan. Een deel van de door mensenhanden gevormde gangen en groeven, **Grotten Noord** 1, kun je bezichtigen onder leiding van een gids. Een ander deel van het onderaardse gangenstelsel, **Grotten Zonneberg** 2, kun je verkennen per step.

Met de grotten verbonden is het in 1701 gebouwde **fort Sint Pieter** 6, dat tot de verdedigingswerken van de stad behoorde. Het is te bezichtigen middels een rondleiding van een uur, waarin je langs onder andere de waterput, de schietgaten en de kanonnengalerij loopt.

Van holle boom tot chic hotel

Een vleugje Franse chic in Zuid-Limburg: Château Neercanne.

Van de tientallen kastelen die in vroeger tijden een stempel op het landschap van Zuid-Limburg hebben gedrukt, zijn er vele bewaard gebleven en liefdevol gerestaureerd. Nog net voor de grens met België ligt **Château Neercanne** 7, in klassieke stijl van mergelsteen gebouwd. Het oudste gedeelte is een 15e-eeuwse kapel. In het kasteel zitten tegenwoordig twee fantastische restaurants; de enorme keldergewelven vormen het sfeervolle decor van wijnproeverijen bij kaarslicht. Het prachtige, op vier niveaus aangelegde barokpark nodigt uit tot een wandeling; zelfs tsaar Peter de Grote was bij zijn bezoek in 1717 verrukt over het park.

Aan de andere kant van Maastricht, tegen Valkenburg aan, ligt **Château St. Gerlach** 8. In de 12e eeuw woonde hier kluizenaar Gerlachus in een holle eik. Toen hij na zijn dood heilig was verklaard, lieten norbertijnen een klooster bij zijn graf bouwen, waaruit het kasteel is voortgekomen. Nu zijn in de historische gebouwen een luxehotel en restaurants gevestigd. In het uitgestrekte park worden in de zomer vaak beelden tentoongesteld.

Fietsen door het donker

Minder chic gaat het eraan toe in **Valkenburg** 9, dat zich al jaren geleden heeft toegelegd op massatoerisme. Hier zijn twee erg leuke attracties voor kinderen, pretpark de **Valkenier** en het **Sprookjesbos**. Bovendien kun je hier de circa 40 m diepe kalksteengrot **Sibbergroeve** 3 verkennen met een *grotbike*: een mountainbike zonder ketting, speciaal voor gebruik in de grotten. Het is er aardedonker, het enige licht komt van je koplamp. Spannend!

Over kalksteen gesproken: als je van Valkenburg naar het op een plateau gelegen Margraten rijdt of fietst, kom je langs een enorme afgraving, **'t Rooth**.

Klein, maar 'beroemd' dorp

Het dorpje **Margraten** is vooral bekend van de imposante **Amerikaanse Begraafplaats** 10. Door het bezoek van de president George W. Bush in 2005 werd Margraten op de wereldkaart gezet. Het Amerikaanse leger zocht in 1944 een plaats om de honderden soldaten te begraven die sneuvelden in de strijd. In Zuid-Limburg kon dat, want dat was toen al bevrijd.

De militaire begraafplaats is al van verre te herkennen aan een 30 m hoge, witte toren. Via 149 treden kom je op het observatieplatform. Het kerkhof is sober en indrukwekkend: 8300 dezelfde, eenvoudige, witmarmeren kruisen – hier en daar een davidster – in licht gebogen rijen. In de muren langs het voorhof zijn de namen van 1700 vermiste soldaten gebeiteld.

F
FIETSEN

Het Zuid-Limburgse heuvelland dankt zijn reputatie als fantastisch fietsgebied vooral aan de vele klimmetjes. Denk bijvoorbeeld aan bekende kuitenbijters als de Cauberg ten zuiden van Valkenburg en de oostelijker gelegen Keutenberg. Deze laatste, berucht en beroemd bij wielrenners, overtreft de Cauberg in steilheid. Over een lengte van 1200 m is de stijging gemiddeld 8 tot 20 procent. De meeste wielrenners staan 450 meter op de pedalen om boven te komen. Auto's zijn hier niet toegestaan.

Typisch Zuid-Limburg: het heuvellandschap rond Epen.

O
OVERIGENS

Elk jaar in augustus vindt in Maastricht vier dagen lang het **Preuvenemint** plaats, een fijnproeversfestival waarop ruim vijftig koks, wijnhandelaren en brouwers op het Vrijthof hun lekkernijen laten proeven.

Het heuvelland op z'n mooist

Ga je het plateau weer af naar het oosten, dan kom je in Gulpen, een van de oudste plaatsjes in Zuid-Limburg, waarschijnlijk gesticht door de Romeinen, en in **Mechelen** 11. In de omgeving van dit dorp (richting Epen en Slenaken) is het heuvelland op z'n mooist. Kenmerkend voor het aanzicht van Mechelen zijn markante gebouwen, zoals een flinke kerk, een monumentale hoeve en een paar watermolens. De schitterende vakwerkhuizen aan de Hoofdstraat springen het meest in het oog.

Je kunt in deze omgeving nauwelijks een paar kilometer rijden of fietsen zonder een landsgrens over te gaan. Het is dan ook logisch dat je hier vlak bij het beroemde **Drielandenpunt** 12 bent. Het bevindt zich op de Vaalserberg, met 322,5 m het hoogste punt van Nederland, en wordt jaarlijks door circa een miljoen mensen bezocht. Vanuit de twee uitzichttorens, de Wilhelminatoren en de Boudewijntoren, heb je een magnifiek uitzicht.

INFO EN OPENINGSTIJDEN

Onze-Lieve-Vrouwebasiliek 1: Onze Lieve Vrouweplein 7, www.sterre-der-zee.nl, schatkamer Pasen-Allerheiligen ma.-za. 11-17, zo 13-17 uur, € 3; tot 12 jaar. € 1.
Helpoort 2: Sint Bernardusstraat 24b, www.maastrichtvestingstad.nl, Pasen-okt. dag. 13-16.30, gratis entree.
Sint-Servaasbasiliek 3: Keizer Karelplein 6, www.sintservaas.nl, schatkamer ma.-za. 10-17, zo. 12.30-17 uur, € 4,50, tot 18 jaar gratis entree.
Museum aan het Vrijthof 4: Vrijthof 18, www.museumaanhetvrijthof.nl, di.-zo. 10-17.30 uur, € 8, 7-12 jaar € 2, 13-18 jaar € 4.
Bonnefantenmuseum 5: Avenue Céramique 250, www.bonnefanten.nl, di.-zo. 11-17 uur, € 12, kinderen gratis.
Fort Sint Pieter 6: Luikerweg 71, www.maastrichtunderground.nl, zie website voor tijden, € 6,60, 4-12 jaar € 5,20, combi met Grotten Noord € 10,20/7,90.
Château Neercanne 7: Cannerweg 800, www.oostwegelcollection.nl, di.-zo. 12-13.30, 18.30-21.30 uur (za. geen lunch), l' Auberge ma.-vr. 11-17 uur.
Château St. Gerlach 8: Joseph Corneli Allee 1, Valkenburg, www.oostwegel collection.nl, 2 pk vanaf € 220, drie restaurants.
Amerikaanse Begraafplaats 10: Rijksweg (N278) tussen Cadier en Keer en Margraten, dag. 9-17 uur.
Drielandenpunt 12: Viergrenzenweg 97, Vaals.

OVERNACHTEN

Chambres d'hôtes Rekko 1: Kleine Looiersstraat 8, Maastricht, www.chambre-rekko.nl, 2 pk vanaf € 125. Charmante B&B in een zorgvuldig gerestaureerde voormalige leerlooierij.
Kruisherenhotel 2: Kruisherengang 19/23, Maastricht, www.kruisheren hotel.nl, 2 pk vanaf € 200. Fantastisch hotel in een voormalig 15e-eeuwse Kruisherenklooster op 5 minuten lopen van het Vrijthof. Toprestaurant en leuke wijnbar.
Château St. Gerlach 8: zie hiernaast.

ETEN EN DRINKEN

In de binnenstad van Maastricht zijn talloze cafés en restaurants, waarvan een aantal een zeer hoog niveau heeft. Gezellige pleinen zijn het Vrijthof en het Onze Lieve Vrouweplein.

Café In den Ouden Vogelstruys 1: Vrijthof 15, Maastricht, www.vogelstruys.nl, dag. 'De hoeskamer vaan Mestreech', al sinds eeuwen de ontmoetingsplek voor bekende en minder bekende Maastrichtenaren.

Reitz 2: Markt 75, Maastricht, www.reitz.eu, di.-zo. 11-19 (do. 21.15) uur. Al meer dan honderd jaar de lekkerste friet (geen patat) van Limburg. Koop een puntzak bij het loketje en smul er al lopend van – typisch *Mestreech*.

Beluga 3: Plein 1992 12, Maastricht, www.belugalovesyou.com, ma.-za. 12-13.30, 18.30-21 uur. Met twee Michelinsterren bekroond toprestaurant. Verschillende ruimtes met elk een eigen sfeer en een heerlijke tuin.

Buitengoed Slavante 4: Slavante 1, Maastricht, www.slavante.nl, dag. 11-17 (zo. 21) uur. Buitensociëteit uit 1843, ooit een klooster van de franciscaner paters, met een prachtig uitzicht. Prima vertrekpunt voor een wandeling op de Sint-Pietersberg. Het restaurant ademt de sfeer van vroeger tijden. Voor kinderen is er een kleine speeltuin.

De Sjans 5: Mergelweg 1, Maastricht, ma.-vr. 16-23, za., zo. 12-23 uur. Eetcafé op een steenworp afstand van de grotten van de Sint-Pietersberg. Heerlijke saté.

WINKELEN

Shopaholics kunnen in Maastricht hun lol op. In de Wolfstraat, Grote Staat en Muntstraat vind je de bekende ketens, in het historische **Stokstaartkwartier** 1 winkelen de chique Maastrichtenaren.

Boekhandel Dominicanen 2: Dominicanerkerkstraat 1, Maastricht, www.boekhandeldominicanen.nl, ma. 10-18, di.-za. 9-18 (do. 21), zo. 12-18 uur. De mooiste boekhandel van het land, gevestigd in een voormalige kerk.

ACTIEF

Grotten Noord 1: Luikerweg 71, Maastricht, www.maastrichtunderground.nl, € 6,60, 4-12 jaar € 5,20, combi met Fort Sint Pieter € 10,20/7,90.

Steptocht Grotten Zonneberg 2: Slavante 1, Maastricht, www.maastrichtunderground.nl, € 15,95 (14+).

Sibbergroeve 3: Daalhemerweg 150, Valkenburg, www.aspadventure.nl, grotbiketocht (1,5 uur) € 27.

7

Herten en Van Goghs – **de Veluwe**

In Nationaal Park De Hoge Veluwe komen vossen, herten en moeflons voor, maar het park is niet alleen rijk aan natuur. In het wereldberoemde Kröller-Müller Museum en de bijbehorende beeldentuin wordt namelijk een indrukwekkende verzameling kunstwerken tentoongesteld.

De Veluwe: burlende edelherten in het najaar, een familie everzwijnen kruist je pad. Ook de winterse stillevens zijn indrukwekkend en laten je je in een ver buitenland wanen. Want waar het in de zomer wit kan zien van de fietsen, benadrukt een laag decemberzonnetje op de ijskristallen het ruige karakter. Parkeer je auto bij de ingang Hoenderloo van het Nationaal Park en stap over op een fiets. Vlak na de ingang gaat bij ANWB-paddenstoel 21069 fietsroute 2 rechtsaf

De Veluwe kent talloze verschillende soorten natuurpracht.

de natuur in. In het park leven talloze herten, reeën, wilde zwijnen en moeflons en de kans is groot dat je onderweg dieren te zien krijgt.

Reusachtig hertengewei

Bij paddenstoel 21235 ga je verder via fietsroute 1 en sla je rechts af naar een waterplas en jachthuis Sint Hubertus. Dit werd in 1914 naar een ontwerp van de beroemde architect Berlage gebouwd voor het welgestelde echtpaar Kröller-Müller. Hier ontvingen ze hun gasten. Het jachthuis is een *Gesamtkunstwerk* waar de bouw, het interieur en de aankleding tot in detail op elkaar zijn afgestemd. Berlage tekende het volgens zijn huisstijl 'de nieuwe zakelijkheid'. Let ook op het servies, het meubilair, de deurklinken en de vloerkleden.

De route loopt vervolgens met een grote boog door het Otterlose Zand, een soort zandwoestijn met zeldzame korstmossen en vlindersoorten. Jaar in, jaar uit wordt het zand hier van alle ongewenste vegetatie ontdaan om de biotoop in stand te houden. Midden op de zandvlakte staat een standbeeld van de Zuid-Afrikaanse Boerengeneraal De Wet, een vriend van het echtpaar Kröller-Müller.

Wereldberoemd museum

Een paar kilometer verder ligt, ingebed in een landschap van bos, veen en heide, een laag bouwwerk: het wereldberoemde **Kröller-Müller Museum** 2. Grote sculpturen en stellages bij de entree brengen je bij het organische, functionele museumgebouw van Henri van de Velde uit 1938, dat in 1977 werd uitgebreid en in 2005 grondig werd vernieuwd. Langs het wandelpad naar de ingang van het museum staat Oswald Wenckebachs *Meneer Jacques*. Vlak erachter zie je een constructie van knalrode stalen balken, het *K-piece* van Mark di Suvero.

Van Gogh

Bij de door kunstverzamelaarster Helene Kröller-Müller (1869-1939) aangelegde verzameling schilderijen, tekeningen en sculpturen ligt het accent op kunst uit het einde van de 19e en het begin van de 20e eeuw. De collectie omvat echter ook middeleeuwse werken van onder

O
OVERIGENS

In het **Museonder** (in het bezoekerscentrum van de Hoge Veluwe) neem je een kijkje onder het aardoppervlak: wat leeft hier en wat heeft hier vroeger geleefd? Je ziet er de onderkant van een boom aan het plafond, schedels van uitgestorven Veluwse beesten, dassen- en vossenholen en zwerfkeien uit de ijstijd.

Een van de vele Van Goghs in het Kröller-Müller.

Natuurpracht en kunst (van Wenckebach en Di Suvero) in het Kröller-Müller.

anderen Gerard David en Lucas Cranach en keramiek uit Azië, Griekenland en Nederland.

De lijst met grote namen die hier zijn vertegenwoordigd, is lang: Ensor, Manet, Monet, Gauguin, Picasso, Renoir, Mondriaan, Toorop ... Het absolute hoogtepunt zijn de 280 schilderijen en tekeningen van Vincent van Gogh: van sombere Borinagebeelden tot lichte landschappen met korenschoven en perzikbomen en de *Brug te Arles*.

Harmonie van kunst en natuur

Vergeet ook beslist niet een kijkje te nemen in de beeldentuin van het museum, waar je ruim dertig even verrassende als fascinerende kunstwerken vindt. Zoals Jean Dubuffets *Jardin d'Email*, een zwart-witte tuin die zich in alles van een gewone onderscheidt. Of *Needle Tower* van Kenneth Snelson, een imposant werk van buizen en staaldraad. Organische werken van Barbara Hepworth staan half beschut in het Rietveldpaviljoen. Onderdeel van de wandelroute door de beeldentuin is de ecologische route met tien kunstwerken waarbij kunst en natuur in elkaar overlopen. Zoals bij de achttien liggende houten mannen van Tom Claassen. De van

INFO EN OPENINGSTIJDEN

Nationaal Park De Hoge Veluwe 1: www.hogeveluwe.nl, bezoekerscentrum (dag. 9.30-17/18 uur) en ingang Houtkampweg 9, Otterlo, andere ingangen Houtkampweg 13, Hoenderloo en Koningsweg 17, Schaarsbergen, park sept.-mrt. vanaf 9, mei-aug. vanaf 8 uur, sluitingstijd 18-22 uur, afh. van jaargetijde, entree € 9,30, 6-12 jaar € 4,65, auto/motor incl. parkeren € 6,60, parkeren buiten het park € 3,30.
Kröller-Müller Museum 2: Houtkampweg 6, Otterlo, www.krollermuller.nl, di.-zo. 10-17 uur, entree incl. toegang park (verplicht) € 18,60, 6-12 jaar € 9,30, parkeren zie boven.
Nationaal Park Veluwezoom 3: www.veluwezoom.nl, bezoekerscentrum Heuvenseweg 6/A, Rheden, di.-zo. 10-17 uur, park zonsopkomst tot -ondergang, gratis entree.

ETEN EN DRINKEN

Parkrestaurant 1: dag. 9.30/10-17.30/20 uur, afh. van jaargetijde. Zelfbedieningsrestaurant met landelijk, gezellig karakter en een open haard.
Theekoepel 2: naast jachthuis Sint Hubertus, jan.-juni di.-zo., juli-sept. dag., okt.-dec. alleen za., zo. 11/12-16/17 uur.
Monsieur Jacques 3: Kröller-Müller Museum, www.monsieurjacques.nl, di.-zo. 10-16.30 uur. In de zomer ook buitenrestaurant in de beeldentuin.

ACTIEF

Bij het bezoekerscentrum is een **fiets-, wandel- en autokaart** te koop (€ 2,50). Hier en bij de ingang van het park in Otterlo staan witte **fietsen** (vrijwel allemaal met kinderzitje, er zijn ook kinderfietsen) waar bezoekers gratis gebruik van kunnen maken. Tandems, bakfietsen en e-bikes zijn te huur. Bij alle ingangen en ook elders in het park (zoals bij het Kröller-Müller Museum) zijn stallingen te vinden waar je de fiets weer kunt achterlaten. Uiteraard mag je ook met je eigen fiets het park in. **Wandelen** kan onder andere aan de hand van dertien **paaltjesroutes**. Je kunt ook op pad met een boswachter tijdens een **Hoge Veluwe Safari** (zie website). Voor **ruiters** heeft De Hoge Veluwe een ongeveer 45 kilometer lang **ruiterpadenstelsel**.

Zendstation Radio Kootwijk 4 werd in 1918 gebouwd voor radiotelegrafisch contact met overzeese gebiedsdelen als Nederlands-Indië en Suriname. In de Tweede Wereldoorlog gebruikten de Duitsers het station voor spionage. Het monumentale gebouw in art-decostijl vormt een mooi contrast met de woeste leegte van het Kootwijkerzand. Radio Kootwijk is alleen toegankelijk tijdens een rondleiding van Staatsbosbeheer.

boomstammen en takken gemaakte figuren zijn langzamerhand aan het vergaan en worden zo weer één met de natuur.

Het oudste nationale park

De Veluwe bestaat natuurlijk uit veel meer dan alleen Nationaal Park de Hoge Veluwe. Het is een enorm uitgestrekt natuurgebied dat onder andere ook de Ermelosche heide en diverse Kroondomeinen (onder meer Paleis Het Loo) omvat. Een ander onderdeel is **Nationaal Park Veluwezoom** 3, het oudste nationale park van Nederland. Het uitgestrekte, meer dan vijfduizend hectare grote park heeft alles: een eindeloze heidevlakte, een deel van het jaar in onwaarschijnlijke paarstinten, manshoge varens, een melancholieke megakluwen van dode bomen ... Je kunt er kiezen voor een eenzame verkenning van het ruige noorden, waar de natuur zelf zijn weg zoekt en je in stilte kunt genieten van fluitconcerten van vogels. Of betreed de wat meer gebaande paden bij het drukbezochte startpunt paviljoen De Posbank – vanwaar je een schitterend uitzicht hebt tot ver in de Achterhoek.

Hooglanders, herten en akkerviooltjes

De voor de Veluwe zo typerende heide vind je vooral in de zuidwesthoek van het park, bij Rheden, Beekhuizen en Herikhuizen. Hier voelen heikikkers en zandhagedissen zich thuis. De vliegdennen zijn toevluchtsoord voor de roodborsttapuit en nachtzwaluw – maar of je die kunt ontdekken. Groter is de kans op het zien van grote grazers als Schotse hooglanders en IJslandse pony's, die de heide begrazen. Op de Elsberg burlen in het najaar de herten.

In de zomer hoedt de herder schapen op de hei. 's Avonds zoeken zij de beschutting op van een oude schaapskooi op het landgoed Heuven. Veluwse heideschapen staan opvallend hoog op de poten. Vroeg in het jaar, soms al in januari, werpen ze een of twee lammeren.

Natuurmonumenten richt zich vooral op de landgoederen in het zuiden van het nationale park. Daar wordt op ecologische wijze graan verbouwd. Dat geeft weer ruimte aan het akkerviooltje en de slofhak, en dáár komen weer extra zangvogels en insecten op af.

Zandverstuiving Kootwijk.

Oudheid in de natuur – **het Drentse platteland**

\# 8

Drenthe, dat zijn hunebedden, essen, bossen, beekdalen, heidevelden en eeuwenoude esdorpen, met kriskras verspreide boerderijen. Buiten de dorpen zoeken kronkelende beekjes hun weg door een landschap waar bloemrijke graslanden, eeuwenoude bossen, houtwallen en heidevelden nog altijd in ere worden gehouden.

Maar de provincie staat toch vooral bekend om zijn hunebedden, prehistorische grafmonumenten die uit enorme stenen bestaan en ongeveer vijfduizend jaar oud zijn. Op de Hondsrug in Oost-Drenthe struikel je er bijna over: meer dan vijftig hunebedden zijn hier te vinden. Ze behoren tot de oudste overblijfselen van menselijke bewoning in Nederland. Het op de Hondsrug gelegen Borger is hét 'hunebeddendorp'. Hier bevinden zich het grootste hunebed van Nederland en het **Hunebedcentrum** 1, waar je alles te weten komt over deze merkwaardige bouwsels, maar ook over de steentijd in het algemeen.

Al op de parkeerplaats stuit je op een replica van een prehistorisch graanschuurtje. De mensen die dit

Hunebed bij Borger.

O
OVERIGENS

In de **Oertuin** van het Hunebedcentrum kun je zien welke gewassen er verbouwd werden in de prehistorie. Er worden regelmatig proeverijen georganiseerd met prehistorische gerechten. Kinderen kunnen bovendien een oerbroodje bakken naast de boerderij. Met een stok met deeg eraan bakken ze hun eigen broodje boven het open vuur.

soort schuurtjes bouwden, zijn ook verantwoordelijk voor de hunebedden, die tussen 3400 en 3200 v.Chr. werden gebouwd. Maar reuzen waren het – zoals lange tijd werd gedacht – niet. In het Hunebedcentrum vind je meer informatie over hun leven. Ze maakten kleding van vachten en plantenvezels, gingen op jacht, bebouwden kleine akkertjes en vervaardigden fraai versierde trechtervormige bekers. Wetenschappers noemen die prehistorische Drentenaren dan ook het trechterbekervolk.

Natuurlijk staat hier ook een van hun grafmonumenten, een hunebed. De muren en het dak zijn gemaakt van enorme rotsblokken die aan de binnenkant vlak zijn. De kieren tussen de rotsblokken zijn opgevuld met kleinere stenen en het geheel ligt op de ingang na in een aardhoop. Dit hunebed is nagebouwd, maar een echt exemplaar is niet ver weg. Het ligt in het bos naast het centrum en is meer dan 22 m lang. Een aantal van de rotsblokken weegt wel 20 ton! Wat je hier ziet, is echter alleen nog maar de ruwbouw van grote rotsblokken.

Heidense tempel?

Via de Bronnegerstraat, achter het oude gebouw van het Hunebedcentrum, ga je richting Bronneger. Langs de weg rijgen groene weilanden en mooie huizen met rieten daken zich aaneen. Volg even voor Bronneger het bordje 'hunebed' naar links (Steenakkersweg) tot in een bosperceel, waar vlak bij elkaar drie kleine hunebedden liggen. Net als veel andere zijn ook deze deels verwoest. De lokale autoriteiten verboden de sloop van de grafmonumenten weliswaar al in 1734, maar toen was het voor veel hunebedden al te laat.

In de middeleeuwen zouden christelijke missionarissen hunebedden hebben verwoest omdat ze die zagen als heidense tempels (en omdat de stenen goed van pas kwamen bij de bouw van kerken). In de 18e eeuw was de paalworm verantwoordelijk voor de ondergang van tal van hunebedden. Niet dat de zich door hout vretende mossel ineens meer van steen was gaan houden, maar het diertje tastte de houten palen aan waarmee de dijken langs zee waren versterkt. Om het gevaar zo snel mogelijk af te wenden, werden resoluut hunebedden opgeblazen en de brokstukken als versteviging gebruikt.

Stenen uit de ijstijd

Ongeveer 200 m verderop liggen rechts nog twee hunebedden, waarvan er een in het bijzonder indruk maakt vanwege de enorme rotsblokken. De reusachtige stenen zijn overigens op de Hondsrug terechtgekomen toen ze in de ijstijd met het oprukkende gletsjerijs werden meegesleept vanuit Scandinavië. Dat verklaart ook waarom ze aan een kant nagenoeg vlak zijn.

Aan het eind van de weg sla je rechts af naar Drouwen, waar je links de Hoofdstraat in gaat. Volg deze tot het eind en sla dan rechts af de Gasselterstraat en vervolgens links af de Steenhopenweg in. Vlak voor het viaduct van de N34 liggen links van de weg twee grote hunebedden. Een van de twee onderscheidt zich met een cirkel van overeind staande stenen (steenkring). Hiermee werd het grafmonument vroeger bekleed om erosie van de grafheuvel tegen te gaan. Vanwege de zwaarte van de stenen is lange tijd gedacht dat de bouw van de hunebedden het werk van reuzen moet zijn geweest, waarvan ook de naam is afgeleid. In plaats daarvan waren de bouwers klein van gestalte, maar hanteerden ze een efficiënte techniek.

O
OVERIGENS

Behalve hunebedden hebben de prehistorische landbouwers ook andere monumenten achtergelaten, waaronder grafheuvels – kunstmatig opgeworpen heuvels van aarde waarin de doden werden begraven – en *celtic fields*: akkercomplexen uit de ijzertijd. Op het Hijkerveld ligt een van de grootste celtic fields.

Recenter, maar zeker niet modern

Ook de meer recente geschiedenis is voelbaar in Drenthe. In **Orvelte** 2, zo'n twintig minuten rijden van het Hunebedcentrum, is nostalgie troef. Het dorp bevindt zich nog aan het eind van de 19e eeuw. Geen asfalt of moderne straatlantaarns, maar oude boerderijen en monumentale panden in een omgeving die nog vrijwel alle kenmerken vertoont van het oude landschap.

Begin je bezoek in de **Orvelte Poort**, waar je een beeld krijgt van het ontstaan van het Drentse landschap, het boerenleven, het wonen in plaggenhutten en de hunebedbouwers. In de **ambachtentuinen** houden de smid, klompenmaker en houtzager hun ambacht in ere. Op de heidevelden van het Orvelterzand grazen honderden schapen die 's avonds worden ondergebracht in de **schaapskooien** in het dorp. Regelmatig zie je de herder met de honden en de schapen door het dorp lopen.

Uiteraard is Orvelte, geheel in stijl, autovrij. Maar het dorpje is prima te voet of met de fiets te verkennen – of in stijl per huifkar of paardentram!

In Orvelte lijkt de tijd te hebben stilgestaan.

Het Nationaal Monument Westerbork – negentig meter spoor dat aan het einde omhoogkrult – drukt onmacht en wanhoop uit.

OM DE HOEK

In **Herinneringscentrum Kamp Westerbork** 3, in de Tweede Wereldoorlog een doorgangskamp, staat het persoonlijke centraal. De filmbeelden, de gedeeltelijk ingerichte barak, de uit de trein geworpen afscheidsgroet, de grote maquette en de tekeningen van spelende kinderen zijn aangrijpend. Dat geldt helemaal voor de herinneringen van overlevenden die zijn vastgelegd in een audiotour. Wandelend over het kampterrein kun je naar hun verhalen luisteren. Op de vroegere appelplaats staan 102.000 stenen; één voor iedere jood, zigeuner of verzetsstrijder die werd gedeporteerd en niet terugkwam.

INFO EN OPENINGSTIJDEN

Hunebedcentrum 1: Hunebedstraat 27, Borger, www.hunebedcentrum.eu, ma.-vr. 10-17, za., zo. 11-17 uur, € 9,50, 4-11 jaar € 5,25.
Orvelte 2: www.orvelte.nl, het dorp is, met uitzondering van themadagen, vrij toegankelijk. Nov.-mrt. zijn sommige attracties/winkels geopend in het weekend en vakanties, apr.-okt. is alles geopend, voor specifieke tijden zie website.
Herinneringscentrum Kamp Westerbork 3: Oosthalen 8, Hooghalen, www.kampwesterbork.nl, ma.-vr. 10-17, za., zo. 11-17 uur, € 8,50, 8-18 jaar € 4.

ETEN EN DRINKEN

De Deugniet 1: Hoofdstraat 10, Borger, www.de-deugniet.nl, dag. vanaf 14.30, weekend en vakanties vanaf 11 uur. Pannenkoekenrestaurant en speelboerderij met piratenthema. Erg leuk voor de kleintjes!
De Loohoeve 2: Hoofdstraat 20, Schoonloo, www.deloohoeve.nl, wo.-zo. vanaf 18 uur. Een van de beste restaurants van Drenthe.
De Schapendrift 2: Schapendrift 3, Orvelte, www.schapendrift.nl, apr-okt dag. vanaf 11 uur, anders ma., di. gesl. Geheel in stijl in een boerderij uit de 17e eeuw.

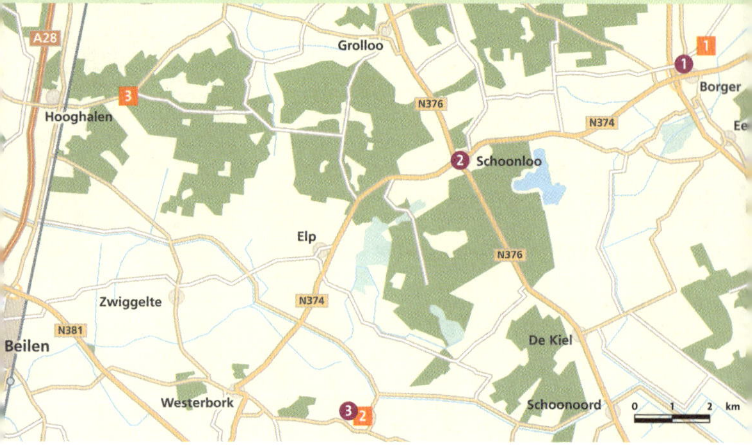

Rondje Friesland – **Elfstedentocht**

#9

Zodra het weer een beetje begint te vriezen, voel je de spanning al komen. Op het journaal of in praatprogramma's speculeren specialisten en ervaringsdeskundigen of het dit keer dan wel 'aangaat'. Toch zijn het alleen de rayonhoofden die het sein 'It giet oan!' kunnen geven en als zij dat doen, staat het land op zijn kop! Het is echter alweer twintig jaar geleden dat dit laatste is gebeurd.

De Elfstedentocht is van oudsher een schaatstocht tussen de elf Friese steden die ooit stadsrechten hadden gekregen. De route is ongeveer 200 kilometer en voert over sloten, rivieren, kanalen en natuurlijk meren. Er kan afgeweken worden van

Na een bijzonder zware tocht, besloten de vijf koplopers in 1956 gezamenlijk over de finish te gaan: ze hadden nu al zo veel samen meegemaakt!

Landschappen van Gerrit Benner, schilderijen van Laurens Alma Tadema, Mata Hari, een Hindelooper stijlkamer: slechts enkele voorbeelden uit de afwisselende collectie van het Fries Museum.

M
MOLEN

Houtzaagmolen 'De Rat' 3 was in 1683 als balkenzager gebouwd. Tot 1829 stond de molen langs de Zaan. Vanwege de economische crisis stond de molen al vele jaren stil, totdat de burgemeester – en tevens houthandelaar – van IJlst de molen kocht. Hij liet hem demonteren en naar Friesland verplaatsen, waar de molen tot 1950 planken zaagde. Tegenwoordig is de molen weer in gebruik als zagerij en werkervaringsplek voor jongeren.

de route mits de elf steden maar worden aangedaan. Nu begrijp je ook waarom die omweg (wel 50 km) naar Dokkum gemaakt moet worden: het is een van de elf. De Tocht der Tochten start altijd in Leeuwarden, in de vroege morgen, en eindigt ook weer in Leeuwarden. Om de tocht te laten beginnen moet het ijs overal 15 centimeter dik zijn, hoewel men in steden of onder bruggen nog wel een uitzondering wil maken en de schaatsers op die plekken gewoon een stukje laten klunen. Aan de Elfstedentocht kunnen omgeveer 15.000 mensen meedoen. Je moet lid worden van de vereniging, vervolgens wordt er geloot en krijg je een starttijd toegewezen.

De Start

Ook als er geen ijs ligt, is dit een prachtig stukje Nederland. De Elfstedentocht wordt traditioneel gestart in Leeuwarden, de hoofdstad van Friesland. Deze oude stad is in de afgelopen jaren door forse investeringen uitgegroeid tot het culturele centrum van de provincie. Niet alleen het **Keramiekmuseum Princessehof** (zie blz. 77) is zojuist geheel vernieuwd, in 2012 is het indrukwekkende **Fries Museum** 1 neergezet. Rondom het museum aan het Wilhelminaplein liggen cafés, restaurants en uitgaansgelegenheden. Leuk om iets te drinken – of zelfs te logeren – is het oude postkantoor **Post-Plaza** 1.

De Elfstedentocht gaat nu richting het westen, langs de Sneekertrekvaart of Zwette naar het gezellige **Sneek**, met de mooie **Waterpoort** 2, die zo beroemd is dat hij het logo van een kledingmerk siert en replica's in het Chinese Shenyang en het Japanse Nagasaki heeft staan. De dubbele poort beschermde Sneek van 1492-1613 voor dreiging van buiten. Hierna is hij vooral een sierpoort geworden die tot 1825 nog iedere nacht werd afgesloten. De overige zes stadspoorten zijn in de 19e eeuw gesloopt, maar onder druk van de bevolking is de Waterpoort behouden gebleven.

Via een van de kleinste stadjes van Nederland, **IJlst**, gaan we richting Sloten, langs Heeg, via het voor schaatsers zo verraderlijke Slotermeer. **Sloten** 4 is een pittoresk vestingstadje: je waant je met de kleine huisjes, intacte muren en wallen en mooie poorten eeuwen terug in de tijd. De schaatsers gaan over het riviertje de Luts en

Het Elfstedenmonument is de laatste brug voor de finish.

enkele vaarten binnendoor naar Stavoren; met de boot is het het leukste om over de Fluessen of buitenom te gaan, met de auto kun je bij De Luts de ANWB Havensteden autoroute oppakken, die via **Stavoren** helemaal naar Harlingen voert.

Langs het IJsselmeer

Als je verder naar het westen rijdt, voel je dat het landschap verandert, de dijken worden hoger en de stadjes worden echte havensteden. Waar vroeger de uitgebreide handelsvloot van **Stavoren** lag, dobberen nu jachtjes aan de hoge kade. Langs de haven zitten enkele cafés, maar loop vooral even de dijk op, met aan je rechterhand het IJsselmeer en diep onder je het stadje. Heel bijzonder zijn de nog bewaard gebleven **overtuinen** 5, tussen de weg en het water. Hier droogden en bleekten vissersvrouwen de was. Als je terugloopt via de Schans passeer je **Restaurant De Koebrug** 3, dat bekend staat om zijn goede keuken en uitgebreide whiskykaart.

De volgende havenstad is **Hindeloopen** en wie heeft er in zijn jeugd niet in een Hindelooper

OM DE HOEK

Heeg is waarschijnlijk de bekendste watersportplaats van Friesland. Het is de perfecte plek om een **zeilbootje te huren** 1 en later in het gezellige centrum wat te eten en drinken. Beroemd is disco **d'Ald Wal** 1, waar hele generaties goede jeugdherinneringen hebben liggen. Voor een rondje Elfsteden is het centraal gelegen Heeg een goede uitvalsbasis.

F FIETSEN

Omdat de tocht zo populair is én tegelijkertijd zo weinig geschaatst kan worden, wordt hij ook ieder jaar gefietst (www.fietselfstedentocht.frl), geroeid (elfstedenroeimarathon.nl), gelopen (elfstedenwandeltocht.frl) en zelfs gesupt (sup11citytour.com). Als je de tocht liever op je gemakje doet, dan is de Elfstedenwandeling gemaakt (www.wandel.nl) .

Ook IJlst heeft bleekweiden of overtuinen voor het drogen en bleken van de was.

Oud kustwachthuisje in Hindeloopen.

kinderstoel gezeten? In **Museum Hindeloopen** 6 staan deze oude ambachten en klederdracht centraal. Iets verderop bij **Roosje Hindeloopen** (roosjehindeloopen.com) kun je naast traditionele Hindelooper meubels ook de moderne collectie bewonderen. De volgende Elfstedenstad is **Workum**. Was het in de middeleeuwen nog een handelsstad, in de 17e eeuw volgde een bloeiperiode door de opkomst van de scheepsbouw en dat is aan de monumentale huizen nog te zien. Bovendien is de Grote Kerk, met zijn losse

INFO EN OPENINGSTIJDEN

Fries Museum 1: Wilhelminaplein 92, Leeuwarden, www.friesmuseum.nl, di.-zo. 10-17 uur, € 16, 4-17 € 6,50.
Houtzaagmolen De Rat 3: Sneekerpad 16, IJlst, www.houtzaagmolenderat.nl, mei-sept. wo.-vr. 10-17, za. 9-17, okt.-april za. 9-17 uur, € 2.
Museum Hindeloopen 6: Dijkweg 1, www.museumhindeloopen.nl, apr.-okt. ma.-za. 11-17, zo.13.30-17 uur, € 5, 6-16 jaar € 3 (incl. koffie of limonade).
Jopie Huisman Museum 7: Noard 6, Workum, www.jopiehuismanmuseum.nl, dag. 13-17 uur, € 8,50, 4-12 jaar € 2,50.
Eise Eisinga Planetarium 9: Eise Eisingastraat 3, Franeker, www.planetarium-friesland.nl, di.-za. 10-17, zo. 13-17 (apr.-okt. ook ma.13-17) uur, € 5,25, 4-13 jaar € 4,50.

ETEN, DRINKEN EN UITGAAN

Café Walrus 1: Leeuwenburg 11, Sneek, 71, Muiden, www.dewalrussneek.nl, di.-za. 10-1, zo., ma. 11-1 uur. Gezellig eetcafé met uitgebreide bierkaart en leuke arrangementen.
Restaurant de Stoeterij 2: Huisterheide 7, Sint-Nicolaasga, www.restaurantdestoeterij.nl, dag. 8-23 uur. Aan de bosrand gelegen goed restaurant in oude stoeterij. Ook hotelkamers.
Restaurant De Koeburg 3: Schans 31, Stavoren, www.dekoeburg.nl, di.-zo. 16.30-23 uur. Restaurant met eigen rokerij en whiskyproeverij. In de zomer ook lunch en high-tea.
Eetcafé Nooitgedacht 4: Grote Bredeplaats 35, Harlingen, www.eetcafenooitgedacht.nl, ma.-za. 11-22, zo. 11.30-22 uur. Goede lunch, speelhoek voor kinderen en fijne sfeer.
Disco D'Ald Wal 1: Harinxmastraat 56, Heeg, aldwal.nl, vr.-zo. 21 uur tot laat, juni en aug. dag. vanaf 21 uur. Ouderwetse dancing waar je goed kunt swingen op echte discomuziek.

OVERNACHTEN

Hotel Post-Plaza 1: Tweebaksmarkt 27, Leeuwarden, www.post-plaza.nl, 2 pk vanaf € 80. Hotel in oud postkantoor met grand-café en goed restaurant.
Hotel Het Weeshuis 2: Kerkstraat 53, Bolsward, hotelhetweeshuis.nl, 2 pk vanaf € 85. Boetiekhotel in 16e-eeuws pand met huiskamerrestaurant.

ACTIEF

Ottenhome 1: It Butlân 2, Heeg, ottenhoomheeg.nl. Open bootje huren aan het Heegermeer, vanaf € 60.
Sonnema Berenburg 2: Stoombootkade 12, Bolsward, aanmelden voor rondleiding en proeverij via www.sonnema.nl, € 6,50 pp.
Hegebeintum 3: De 'Rond de Terpen'-wandeling toont hoe Friezen zich in vroeger tijden tegen het opkomende water verdedigden: www.wandel.nl.

toren een eyecatcher. Een goede reden om iets langer te stoppen in Workum is het hier gevestigde **Jopie Huisman Museum** 7. Huisman wordt gezien als een van de grootste fijnschilders van de 20e eeuw. Een leuke anekdote is dat hij de spullen die hij als voddenboer ophaalde en verzamelde vaak gebruikte als onderwerp voor zijn schilderijen. Hij wordt ook wel de schilder van de 'menselijke maat' genoemd. Dit bijzondere privémuseum heeft tevens een prettig café en een leuke winkel.

K
KEURING

Iedere vierde woendag van september vindt in Workum de traditionele veekeuring plaats. Een leuk evenement.

De romaanse Martinikerk staat op een van de drie terpen waarop Bolsward is gebouwd. De kerk is een van de grootste zadeldakkerken van Europa en ligt majestueus iets hoger dan de omliggende huizen. Gek genoeg lijkt de kerk nu een beetje aan de grens van Bolsward te liggen. In de 17e eeuw had de stad twee keer zoveel inwoners als nu ... toen was de kerk, letterlijk en figuurlijk, nog het middelpunt van de gemeenschap.

Ooit wel eens in de oude havenkraan of vuurtoren willen slapen en wakker worden met uitzicht over het wad? In Harlingen kan beide! www.havenkraan.nl of www.vuurtoren-harlingen.nl.

Bolsward

Na Workum volg je de Workumer Trekvaart naar **Bolsward**. Hier krijg je weer het idee in een échte stad te zijn beland. Er zijn grachtjes, winkels, een prachtig stadhuis in rococostijl, een grote zadeldakkerk en bierbrouwerij 'Us Heit'. Het dak van de 13e-eeuwse **Broerenkerk** 7 werd in 1980 door een brand verwoest en biedt nu met de oude muren en een modern glazen dak onderdak aan tijdelijke kunsttentoonstellingen. Iets buiten het centrum ligt de distilleerderij **Sonnema** 2 die beroemd is om zijn berenburger. Hier kun je het productieproces zien en een berenburgproeverij bijwonen. Gelukkig zijn er enkele leuke hotels in Bolsward, zoals **Het Weeshuis** 2, omdat je na een bezoekje aan Sonnema natuurlijk niet meer in de auto kunt stappen.

De route leidt nu via smalle, kronkelende vaarten door het zo herkenbare Friese landschap: groene weiden, gevlekte koeien en zwarte paarden in het veld en hier en daar steekt een rood dak boven een dijk uit. Vooral vanaf het water is het uitzicht mooi, want hier staat het water altijd hoger dan het land!

Poort naar de Wadden

Harlingen 8 is nog echt een havenstad en nog een van de weinige Friese steden die echt aan zee liggen. En dat ruik je: zilte lucht, de geur van vissersboten die net zijn binnengekomen en natuurlijk het geluid van krijsende meeuwen. Vanhieruit vertrekt de pont naar Terschelling en Vlieland en daarom heerst hier al snel een gezellige vakantiestemming. Een uitstapje naar eilanden is natuurlijk altijd leuk, maar pas nadat je aandacht aan Harlingen hebt besteed. Niet alleen ligt hier een deel van de bruine vloot, de stad heeft prachtige grachtjes met kleine vissershuisjes en grote patriciërspanden. Er zijn ouderwetse bruine cafés waar het stilvalt als een vreemde binnenloopt tot hippe lunchtentjes, zoals **Café Nooitgedagt** 4.

Franeker ligt eigenlijk maar een klein stukje verder. Naast het feit dat het een belangrijke stad was, met zelfs een eigen universiteit (1585-1811), móet je hier even stoppen om het **Eise Eisinga Planetarium** 9 te bekijken. Eise Eisinga (1744-1828) was amateurastronoom en bouwde in zijn eigen woonkamer een planetarium dat een zeer exact beeld van ons zonnestelsel geeft. Het is het oudste werkend planetarium ter wereld. Het kleine, maar sfeervolle museum is in 2016 verbouwd en uitgebreid met een fijn terras in de stadstuin.

Hel van het Noorden

Vanaf Franeker begint de Hel van het Noorden, de zware tocht naar **Dokkum** (47 km) en terug! De moord op Bonifatius in 745 maakte van Dokkum een bedevaartsoort. Naast relieken van de heilige, schijnt er een heilzame bron te zijn, de Bonifatiusbron, in of vóór de **Bonifatiuskapel** 11. In deze tijd lag de stad nog direct aan zee en daar kwam ook haar rijkdom vandaan. Dokkum speelde in de Tachtigjarige Oorlog een belangrijke rol in de strijd tegen de Spanjaarden en had aanzienlijke verdedigingswerken. Enige bolwerken zijn bewaard gebleven, dus door een rondje om het oude centrum te lopen, krijg je een idee hoe de stad er vroeger bij lag.

Tijdens de Elfstedentocht keren de schaatsers terug en schaatsen richting **Leeuwarden** waar de finish is. De route langs Dokkum is zwaar maar zo heb je wel alle elf Friese steden aangedaan!

T TERPEN-LAND

Wil je iets bijzonders doen? Ga dan naar Hegebeintum 3: dit is de hoogste terp van Nederland (8,80 meter). Boven op de terp staat het 12e-eeuwse kerkje. uit ongeveer 1200. Dit lijkt heel oud, maar uit onderzoek is gebleken dat de terp van Hegebeitum al in 600 v.Chr. werd bewoond. Voor de mooie wandeling 'Rond de Terpen', zie www.wandel.nl.

Het planetarium van Eise Eisinga.

10

Van Texel naar Schier – **Wadden-eilandhoppen**

Lange strandwandelingen, wadlopen, fietsen door bos en duin of gewoon zonnebaden: op de Waddeneilanden kun je even helemaal bijtanken. Een echte belevenis is om van Texel naar Schiermonnikoog hoppen! De reis begint bij een wankele steiger die leidt naar het oude vrachtschip de Vriendschap, over het Engelsmangat naar Vlieland. Om vervolgens per veer en heuse windjammer alle eilanden te ontdekken.

Op naar de boot!

Vanaf de 14e eeuw boden de Waddeneilanden de Hollandse vloot beschutting tegen stormen en bescherming tegen piraten. Hier werden drinkwater en proviand ingeslagen en de schepen gerepareerd. Met de voltooiing van het Noordzeekanaal tussen IJmuiden en Amsterdam in 1824

verloren de eilanden hun strategische ligging. Tegenwoordig zijn visvangst en schapenteelt, maar vooral toerisme de pijlers van de economie.

Texel

Texel ligt op maar twintig minuten reizen van het Noord-Hollandse vasteland. Het eiland biedt 25 kilometer zandstrand langs de westkant van het eiland waar je bij verschillende leuke strandpaviljoens, zoals **Paal 9** ❶, heerlijk van de zilte lucht kunt genieten. **Den Burg** [1] is de grootste plaats en voelt vanwege zijn vele monumenten, de 15e-eeuwse kerk en alle cafeetjes aan als een stadje. Badplaats **De Koog** ligt vlak achter de duinenrij en trekt veel toeristen vanwege het fijne strand en het natuurcentrum **Ecomare** [2]. Hier leer je alles over de Wadden, wat er in de Noordzee zwemt en kruipt en worden allerlei excursies georganiseerd, zoals naar het 70 hectare grote duinpark, De Slufter.

Op Texel kun je makkelijk een week blijven, Texels lam eten in een van de vele restaurants, surfles nemen (www.surfschool-texel.nl) of meegaan op garnalenvangst (www.garnalenvissen.nl), maar om naar Vlieland te gaan, moet je richting **De Cocksdorp**. Tegenover het reddingsstation van de kustwacht ligt aan een houten steiger (bij Paal 33) het waddenveer **De Vriendschap** [3]. Als je moet wachten, ga dan iets drinken bij **Kaap Noord** ❷, een fijn strandpaviljoen vanwaar je de boot kunt zien aankomen.

Vlieland

Heb je het houten steigertje overleefd en ben je zonder zeeziekte op Vlieland aangekomen, dan begint het avontuur pas echt! Over een lang staketsel van planken en palen kom je aan op de enorme zandvlakte de **Vliehorst**, ook de **Sahara van het Noorden** genoemd. Vanaf hier is het 7 km naar de 'bewoonde wereld'. Op de zandvlakte staat het **Drenkelingenhuisje** [4], een op palen staand hutje waar voorheen schipbreukelingen een onderkomen vonden. Nu is er een leuk juttersmuseum ingericht, tijdens warme zomeravonden zijn er concertjes te bekijken en je kunt er zelfs trouwen.

Heb je geen zin om te lopen, dan biedt de **Vliehorst Expres** uitkomst. Een op grote wielen

Futuristische nieuwbouw door architectenbureau Mecanoo van het juttersmuseum Kaap Sil in Oudeschild.

O OVERIGENS

De Waddeneilanden zijn een waar fietsparadijs en ook op waddenveer De Vriendschap kun je de fiets meenemen. Er is echter niet zo veel plek, dus zorg dat je van tevoren een plekje voor je stalen ros reserveert. Wil je een dagje naar Vlieland en daarna terug naar Texel, dan kun je je fiets niet meenemen, maar de maatschappij zorgt ervoor dat er op Vlieland een huurfiets voor je klaarstaat!

C
CELEBS

Als je op Vlieland denkt dingen te herkennen, dan zou dat heel goed kunnen. Het eiland is het decor van de populaire serie *Dokter Deen*, vertolkt door Monique van de Ven. Maar wist je dat de échte dokter Deen, John Deen, daadwerkelijk huisarts op Vlieland was? Je zult hem nu echter niet zo vaak meer tegenkomen want vanwege de populariteit van de serie, kan hij in de zomer zijn eigen huis niet meer in en vlucht hij naar het vasteland! Gelukkig hebben Monique van de Ven en Edwin de Vries nog steeds een huisje op Vlieland, dus wie weet loop je ze tegen het lijf.

staand voertuig brengt je met droge voeten naar hoger gelegen land. Vanaf het Posthuys is het een prachtige tocht naar **Oost-Vlieland**, het enige dorp van het eiland. In de verte zie je de **vuurtoren** 5 op de 40 meter hoge Vuurboetsduin staan. Stap even van je fiets want vanaf de vuurtoren heb je een adembenemend uitzicht over het eiland en de Wadden.

De enige plaats van Vlieland, Oost-Vlieland, bestaat uit nauwelijks meer dan één straat, de Dorpsstraat, maar het is dan ook wel een hele leuke straat met tal van aardige winkels, restaurants en cafés in monumentale pandjes. Centraal staat hier **Hotel Bruin** 1, een oud badhotel dat recentelijk is gemoderniseerd en waarvan je je moet afvragen of het daardoor beter is geworden. Desalniettemin een begrip. Wil je weg van de drukte van de Dorpsstraat, loop dan richting de 17e-eeuwse protestantse kerk. Hiertegenover zit, in het voormalige diaconessehuis, het gezellige restaurant **Het Armhuis** 3. Om verder te gaan naar het volgende eiland, Terschelling, moet je naar de **haven van Vlieland** 6, vanwaar het veer vertrekt (www.rederij-doeksen.nl).

Terschelling

Op Terschelling kom je aan in West-Terschelling. Het plaatsje voelt als een echt havenstadje en was een centrum voor walvisvaart in de 16e en 17e eeuw. Uit deze tijd stamt ook de 54 meter

De Brandaris is de oudste vuurtoren van Nederland en het symbool van Terschelling. Al 425 jaar lang begeleidt hij de scheepvaart door het nauwe gat tussen Terschelling en Vlieland.

INFO EN OPENINGSTIJDEN

Ecomare 2: Ruislaan 92, De Koog, www.ecomare.nl, dag. 9.30-17 uur, € 12,75, 4-13 jaar € 8,75.

De Noorman/Waddenveer De Vriendschap 3: Volharding 2A, De Cocksdorp 19, www.waddenveer.nl, juli-aug. dag. 10-17, mei, juni, sep. di.-do., zo. 10-17, za. 10-14, € 18,50 (fiets € 10), 4-11 jaar € 11 enkele reis.

Denkelingenhuisje 4: Vliehorst. Voor vervoer en evenementen: **Vliehorst Expres**, www.vliehorst.nl, rondrit € 16,50, 4-12 jaar € 11. Kaartverkoop: Primera, Dorpstraat 74, Oost-Vlieland.

Vuurtoren Vlieland 5: Vuurboetsduin, apr.-juni, sep., okt. ma.-vr- 14-16, za., zo. 10.30-12, juli, aug. ma.-vr. 10.30-12, 14-16, za., zo. 10.30-12 uur.

Wrakkenmuseum Formerum 8: Formerum Zuid 13, wrakkenmuseum.nl, wo.-ma. 10-17 uur, 's winters gesloten, € 4, kinderen € 2.

Bunkermuseum Ameland 10: Oranjeweg 65, Hollum, di.-zo. 10-17, ma. 13-17 uur, € 3.

ETEN, DRINKEN EN UITGAAN

Strandpaviljoen Paal 9 1: Hoornderslag 8, Den Hoorn, www.paal9.nl, ma.-do. 10-21.30, vr.-zo. 10-22 uur. Voor het echte onthaasten.

Strandpaviljoen Kaap Noord 2: De Volharding 4, De Cocksdorp, www.strandpaviljoenkaapnoord.nl, do.-zo. 10-22 uur. Met uitzicht op de boot.

Restaurant Het Armhuis 3: Kerkplein 6, Oost-Vlieland, www.hetarmhuis.nl, wo.-zo. 10-22 uur. Culinaire kunstjes in monumentaal pand met fraaie tuin.

Paviljoen De Walvis 4: Groene Strand,West-Terschelling, di. 10-22 (in de zomer tot 23) uur. Met uitzicht op het Groene Strand.

Kaap Hoorn 5: Badweg Hoorn 16, www.kaaphoornterschelling.nl, dag. 10-18 uur. Een plek waar alles kan!

OVERNACHTEN

Hotel Bruin 1: Dorpsstraat 88, Oost-Vlieland, www.badhotelbruin.nl, 2 pk vanaf € 70. Beroemd badhotel met goed restaurant en fijn terras.

Hotel Van der Werff 2: Reeweg 2, www.hotelvanderwerff.nl, 2 pk vanaf € 115. Je waant je in de vorige eeuw met zilveren kandelaars en antiek.

ACTIEF

Ameland heeft een **vliegveld** 1 (Strandweg 19, Ballum) voor rondvluchten of parachutespringen: www.ameland-rondvluchten.nl.

E
ECO

In 2016 is op Ameland het grootste zonnepark van Nederland geopend. De 10 hectare zonnepanelen leveren genoeg energie om alle 3500 inwoners van elektriciteit te voorzien. Maar daar houdt het niet op: Ameland wil het predicaat duurzaam verdienen en staat als gemeente voorop in het energieneutraal maken van het eiland: straatverlichting wordt steeds meer led, de bussen rijden elektrisch en overal wordt geëxperimenteerd met warmtepompen en 'slimme stroom'.

Wadlopen van Holwerd naar Ameland ❷ *is een populaire route: hij is namelijk de kortste! Maar ook naar Terschelling en Schiermonnikoog zijn wadlooptochten georganiseerd. Je kunt deze tocht alleen vanaf het vasteland maken, dus eerst met de veerboot naar Friesland en lopend terug.*

hoge **Brandaris** (1594) 7, de oudste vuurtoren van Nederland. Ga je naar het westen, dan kom je al snel bij natuurgebied het **Groene Strand**: prachtig om te wandelen of om gewoon naar te kijken vanaf het terras van het gezellige **Strandpaviljoen De Walvis** ❹. Op Terschelling kun je goed fietsen: er zijn verschillende routes die door pittoreske dorpjes, zoals **Formerum** met zijn interessante **Wrakkenmuseum** 8, voeren. Als je toch richting het oosten gaat, vergeet niet een van de mooie, brede stranden aan te doen. Een fijne, beetje afgelegen plek is **Kaap Hoorn** ❺. Daarna kun je te voet of met de fiets de **Boschplaat** 9 in. Dit Europees Natuurreservaat is een bijzonder natuurgebied. Op het brede strand vind je groepen vogels met hier een daar een zeehond, in de kweldergebieden bloeit in de zomer de lamsoor en hier ligt het grootste natuurlijke bos van de Waddenzee: de Berkenvallei. Vooral voor trekvogels is de Boschplaat een belangrijke fourageerplaats.

Voor de overtocht naar Ameland moet je terug naar West-Terschelling waar **'De Zeehond'** vertrekt naar Nes op Ameland (voor vaartijden zie: robbentochten.com). Dit traject kun je ook afleggen per historische **zeilklipper Willem Jacob** (www.willemjacob.nl): het duurt iets langer maar zeilen over het wad is zo'n unieke ervaring dat iedere extra minuut is meegenomen.

Ameland

Zodra je voet aan wal zet op Ameland, voel je dat de sfeer hier totaal anders is: geen mensenmassa's in de rij voor een ijsje of frites, maar wandelaars op weg naar het beschermde vogelgebied, waar een groot deel van het eiland uit bestaat. Maar, maak je geen zorgen, er is genoeg te doen. Het natuurcentrum heeft een goed zeeaquarium, in het plaatsje **Hollum** staan monumentale kapiteinshuizen uit de 18e eeuw en met een beetje geluk zie je tien zwarte paarden de blauw-witte reddingsboot over het strand en door de branding de zee in trekken. Nu doen ze dat voor toeristen maar tot 1988 (!) was dit dé manier om schepen in nood te redden.

Grappig aan Ameland is dat het ondanks zijn formaat zowel een mooie golfbaan heeft als een vliegveld – het noordelijkste van Nederland.

Kleine charter- en privévliegtuigjes landen en stijgen op vanaf de grasbaan. Heb je altijd al eens de wadden van boven willen zien, zelf willen leren vliegen of een sprong met parachute willen maken? **Vliegveld Ballum** 1 biedt hiervoor alle mogelijkheden. Om naar Schiermonnikoog te 'hoppen', moet je naar Nes, waar de 'Willem Jacob' je overzet.

Schiermonnikoog

Het laatste – door mensen bewoonde – eiland van de Wadden is Schiermonnikoog, genoemd naar de Friese monniken die zich in de 12e eeuw hier vestigden. Nu is het – autovrije – eiland een mekka voor natuurtoeristen: driekwart van het eiland bestaat uit natuurgebied. Het gaat er hier dan ook rustiger aan toe: er is nauwelijks nachtleven, het aantal restaurants is beperkt en nieuwbouw wordt veelal tegengegaan. Wel is er een beroemd hotel: **Hotel van der Werff** 2. Gasten worden met een uit de jaren 60 stammende bus afgehaald bij de boot en naar het hotel gebracht. Binnen lijkt de tijd te hebben stilgestaan: hoge lambriseringen, wit tafellinnen en zilveren kandelaars. Geen wonder dat prins Bernhard en koningin Juliana het hotel als een van hun favorieten beschouwden.

Het is heerlijk om door de rustige natuur te fietsen of eindeloze wandelingen te maken over het **breedste strand van Europa** 12 en door de duinen waar enigszins verborgen de prachtige, **Vredenhof Begraafplaats** 11 ligt. Deze begraafplaats werd in 1916 speciaal aangelegd voor aangespoelde schipbreukelingen. Er liggen ook 85 lichamen van geallieerde soldaten uit de Tweede Wereldoorlog.

OM DE HOEK

De Wadden lopen helemaal naar het oosten door tot de Deense kust. Ook de Duitse Wadden zijn populaire bestemmingen. Maar er zijn nog twee Nederlandse waddeneilanden, **Rottumerplaat** en **Rottumeroog**. Beide eilanden zijn onbewoond en beschermd natuurgebied. Rottumerplaat is helemaal afgesloten, maar Staatsbosbeheer organiseert jaarlijks 25 expedities voor groepen naar Rottumeroog.

Strandtent Paal 3 op het Noorderstrand met schier eindeloze drooggevallen zeebodem.

H HOPPEN

Het échte eilandhoppen is alleen mogelijk in juli en augustus. Tussen Texel, Vlieland en Terschelling varen tussen mei en september wel veerboten. Wil je buiten het seizoen wadhoppen, dan kan dat via de vaste veerdiensten tussen de eilanden en het vasteland. Je kunt dan prachtig fietsen van Harlingen (Terschelling en Vlieland) naar Holwerd (Ameland) en Lauwersoog (Schiermonnikoog). Maar voor je in Harlingen bent, moet je wel eerst de Afsluitdijk bedwingen, want de boot naar Texel gaat vanuit Den Helder. Op www.wadden.nl staan de tijden van alle boten.

ENTREEBEWIJZEN voor een andere wereld...

Naast de bekende musea als het Mauritshuis (▶ blz. 29 en 79) zijn er nog veel meer musea, hier onze persoonlijke favorieten:

MAAR BESLIS VOORAL ZELF!

Rijksmuseum
dag. 9-17 uur, € 17,50

Het Rijksmuseum mag bij je favorieten natuurlijk niet ontbreken: de *Nachtwacht, het Joodse Bruidje* en een prachtige verzameling aziatica. Voor een bijzondere ervaring, sluit je het bezoek af met een lunch bij Rijks.

www.rijksmuseum.nl

JA NEE

Museum Belvédère
di.-zo. 11-17 uur, € 9

Als een glazen doos ligt dit museum voor moderne kunst in het vlakke landschap buiten Heerenveen. In de vaste collectie topstukken van onder anderen Gerrit Benner en Jan Mankes; interessante tijdelijke exposities.

www.museumbelvedere.nl

JA NEE

Museum de Fundatie
di.-zo. 11-17 uur, € 11

In het voormalige Paleis van Justitie in Zwolle zit Museum De Fundatie met een verrassende collectie regionale kunst maar ook werken van internationaal bekende kunstenaars, als Van Gogh, Marc Chagall en Mondriaan.

www.museumdefundatie.nl

JA NEE

Museum Kranenburgh
di.-zo. 11-17 uur, € 10

In het pittoreske Bergen ligt dit museum gewijd aan de Bergense School. Werk van bijvoorbeeld Jan Sluijters en Leo Gestel en interessante tijdelijke tentoonstellingen uit het Noord-Hollands kunstbezit.

www.kranenburgh.nl

JA NEE

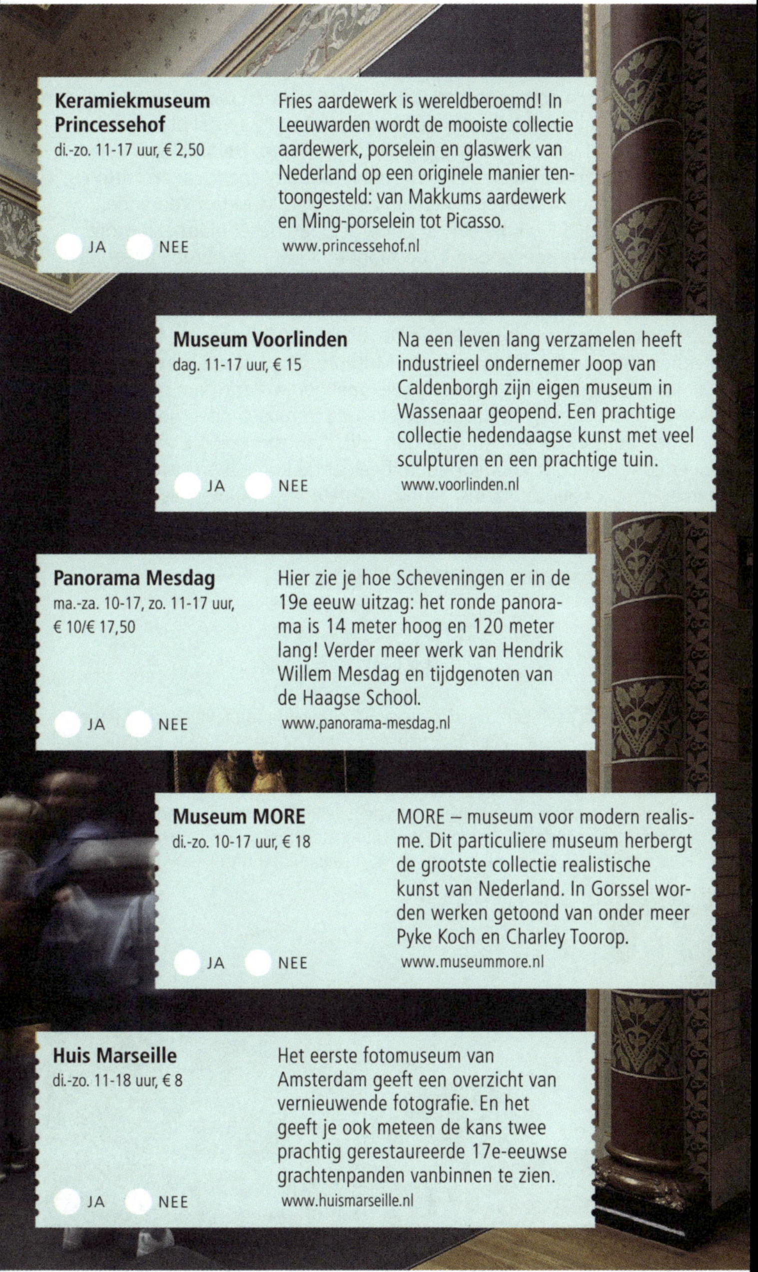

Keramiekmuseum Princessehof
di.-zo. 11-17 uur, € 2,50

Fries aardewerk is wereldberoemd! In Leeuwarden wordt de mooiste collectie aardewerk, porselein en glaswerk van Nederland op een originele manier tentoongesteld: van Makkums aardewerk en Ming-porselein tot Picasso.

www.princessehof.nl

○ JA ○ NEE

Museum Voorlinden
dag. 11-17 uur, € 15

Na een leven lang verzamelen heeft industrieel ondernemer Joop van Caldenborgh zijn eigen museum in Wassenaar geopend. Een prachtige collectie hedendaagse kunst met veel sculpturen en een prachtige tuin.

www.voorlinden.nl

○ JA ○ NEE

Panorama Mesdag
ma.-za. 10-17, zo. 11-17 uur, € 10/€ 17,50

Hier zie je hoe Scheveningen er in de 19e eeuw uitzag: het ronde panorama is 14 meter hoog en 120 meter lang! Verder meer werk van Hendrik Willem Mesdag en tijdgenoten van de Haagse School.

www.panorama-mesdag.nl

○ JA ○ NEE

Museum MORE
di.-zo. 10-17 uur, € 18

MORE – museum voor modern realisme. Dit particuliere museum herbergt de grootste collectie realistische kunst van Nederland. In Gorssel worden werken getoond van onder meer Pyke Koch en Charley Toorop.

www.museummore.nl

○ JA ○ NEE

Huis Marseille
di.-zo. 11-18 uur, € 8

Het eerste fotomuseum van Amsterdam geeft een overzicht van vernieuwende fotografie. En het geeft je ook meteen de kans twee prachtig gerestaureerde 17e-eeuwse grachtenpanden vanbinnen te zien.

www.huismarseille.nl

○ JA ○ NEE

Museumlandschap van Nederland

Nederland is een echt museumland: in 2016 werden meer dan 26 miljoen museumbezoeken afgelegd in 1610 musea. En het aantal blijft groeien door de komst van steeds meer particuliere musea. De afgelopen jaren maakten verzamelaars steeds vaker hun collecties openbaar en zetten indrukwekkende museumgebouwen neer, zoals Museum Voorlinden en Museum MORE. Ook heeft er het afgelopen decennium een grote vernieuwing plaatsgevonden in bestaande musea. Zo werden alleen al in Amsterdam het Rijksmuseum, Stedelijk Museum, Scheepvaartmuseum en Van Goghmuseum vernieuwd en aangepast aan de eisen van de moderne bezoeker en het steeds uitdijende kunstbezit. Ook buiten de hoofdstad hebben musea als het Mauritshuis, Museum de Fundatie, Het Nationaal Militair Museum en het Fries Museum veel geïnvesteerd om met hun tijd mee te gaan. Tegelijkertijd zijn opstellingen in musea onvergelijkbaar met vroeger: beleving staat centraler dan ooit. Aan chronologie wordt niet meer coût que coût vastgehouden, beeldende kunst wordt steeds vaker samen met toegepaste kunst tentoongesteld en multimediale technieken worden ingezet om de bezoeker te begeleiden door het enorme aanbod van kunst en design. De nieuwe inrichting van Museum Boijmans van Beuningen is hier een mooi voorbeeld van.

EEN PAAR TIPS

Ieder museum heeft een overzichtelijke website met informatie over het museum en de tentoonstellingen. Ook hebben de meeste steden goede toeristische informatie online staan. Om een beter overzicht te krijgen wat er zich in museaal Nederland afspeelt, is de website van het Museumtijdschrift een aanrader. Niet alleen geeft de site een goed overzicht van alle musea, bijzondere evenementen en speciale openingen, de tentoonstellingsagenda toont nagenoeg alles wat zich afspeelt in het land: www.museumtijdschrift.nl

De nieuwbouw van Museum de Fundatie is op zijn minst spectaculair te noemen.

Grote kunstmusea

Rembrandt, Vermeer, Ruysdael, Van Gogh, Mondriaan en ga zo maar door. 'Onze' Hollandse meesters zijn vermaard. Kunstliefhebbers uit de hele wereld bezoeken ons land om zich te laven aan Nederlandse kunst. De grote musea kunnen zich met gemak meten aan het Louvre in Parijs of het Metropolitan in New York.

Officieus het nationaal museum
Rijksmuseum

Het grootste museum van Nederland staat bekend om zijn collectie oude meesters maar biedt veel meer. Het museum beheert een van de belangrijkste verzamelingen prenten en etsen ter wereld, het 17e-eeuwse poppenhuis is wereldberoemd en de collectie juwelen is enorm. Richt je na de Eregalerij op de kleinere kabinetten.

Museumstraat 1, Amterdam, www.rijksmuseum.nl, dag. 9-17 uur, € 17,50

Favoriet onder toeristen
Van Gogh Museum

De grootste collectie werk van Vincent van Gogh: ruim tweehonderd schilderijen, vijfhonderd tekeningen en zevenhonderd brieven, in combinatie met werk van tijdgenoten, geven een volledig overzicht van het werk en leven van de kunstenaar.

Museumplein 6, Amsterdam, www.vangoghmuseum.nl, dag. 9-17, vrij. tot 22 uur, € 17

Tempel voor moderne kunst
Stedelijk Museum Amsterdam

Van de 19e eeuw tot nu, van Mondriaan tot Newman en Chagall tot Schoonhoven. De collectie avant-gardistische Russische kunst (Malevich, Lissitzky, Kandinsky) is enorm. Maar ook stoelen van Rietveld, klokken van Maarten Baas en foto's van Rineke Dijkstra. En natuurlijk The Beanery van Edward Kienholz.

Museumplein 10, Amsterdam, www.stedelijk.nl, dag. 10-18, vrij. tot 22 uur, € 17,50

Mooiste museum ter wereld
Mauritshuis

Door *The New York Times* betiteld als mooiste museum ter wereld met beroemde schilderijen als *Het meisje met de parel* van Vermeer, *De Stier* van Paulus Potter en *De anatomische les van Dr. Nicolaes Tulp* van Rembrandt. Maar ook elegante vruchtjes van Coorte, strenge portretten van Holbein en Cranach en natuurlijk het *Puttertje* van Fabritius.

Plein 29, Den Haag, www.mauritshuis.nl,, di., wo., vr.-zo. 10-18, ma. 13-18, do. 10-20 uur, € 14

Mondriaan in Berlage-architectuur
Gemeentemuseum

Alleen al voor het gebouw zou je erheen moeten gaan, verder heeft het museun de grootste verzameling Mondriaans ter wereld en zich gespecialiseerd in kunstenaars van De Stijl. Ook werk van Schiele, Van Dongen en Picasso. Daarnaast een uitgebreide collectie Delfts aardewerk en veel aandacht voor mode.

Stadhouderslaan 41, Den Haag, www.gemeentemuseum.nl, di.-zo. 10-17 uur, € 14,50

Kunstminnende havenbarons
Museum Boijmans van Beuningen

Weer zo'n klassieker met Breughel, Van Eijk, Bosch, Rembrandt, Titiaan maar ook moderne en hedendaagse kunst en design. Het museum heeft een mooie collectie surrealistische kunst en de mooiste garderobe van Nederland! Fijn en gezellig museumrestaurant.

Museumpark 18-20, Rotterdam, www.boijmans.nl, di.-zo. 11-17 uur, € 15

Verleden en heden

Het Nederlands museumlandschap bestaat uit veel meer dan kunstmusea. Veel instellingen houden zich bezig met het verleden, of het nu om de Tweede Wereldoorlog gaat, de Romeinse limes of regionale geschiedenis. Natuurlijk gaat dit samen met kunst, architectuur en archeologie. En denk niet dat het saai is, want ook hier wordt er alles aan gedaan om het verleden zo origineel mogelijk aan de man te brengen, van diorama tot 3D-bril. Het gaat immers om het herbeleven van de geschiedenis of zoals historicus Huizinga het formuleerde: de evocatie van het verleden.

Eerste en oudste
Teylers Museum

Het oudste museum van Nederland, zeggen ze zelf. Hieraan wordt getwijfeld maar onbetwistbaar is de unieke uitstraling van dit museum: indrukwekkende trappen leiden je naar de tentoonstellingszalen die in de afgelopen honderd jaar niet veranderd lijken te zijn. Een uniek museum met een leuke collectie fossielen en instrumenten.

Spaarne 16, Haarlem, www.teylersmuseum.nl, di.-vr. 10-17, za., zo. 11-17 uur, € 12,50

Staaljagers en tanks
Nationaal Militair Museum

Op het voormalige militaire vliegveld Soesterberg zijn alle militaire musea samengevoegd tot het Nationaal Militair Museum. In een groot modern gebouw krijg je een goed overzicht van de Nederlandse krijgsgeschiedenis, van middeleeuwse harnassen tot straaljagers.

Verlengde Paltzerweg 1, Soest, www.nmm.nl, di.-zo. 10-17 uur, € 12,50

Vroeger tijden herleven
Openlucht Museum

Nagebouwde straten, winkeltjes uit het begin van de vorige eeuw, grachtjes en een echt Amsterdams café. Verder zijn er voor kinderen allerlei evenementen georganiseerd. Echt een museum voor iedereen én heerlijk in de buitenlucht.

Hoeferlaan 4, Arnhem, www.openluchtmuseum.nl, dag. 10-17 uur, € 19 (online € 17,50)

Herdenken en bezinnen
Anne Frank Huis

Misschien wel bekender in de Verenigde Staten dan in Nederland maar iedereen zou er een keer geweest moeten zijn. Je kunt het Achterhuis zelf bekijken en beleven wat Anne Frank heeft moeten meemaken tijdens haar onderduikperiode. Wat daarna gebeurde is natuurlijk níet voor te stellen. Het informatiecentrum vertelt over de vervolging van Joden in Nederland en in Amsterdam in het bijzonder. Zeer indrukwekkend. Reserveer online kaartjes, want het kan nogal druk zijn.

Prinsengracht 267, Amsterdam, www.annefrank.org, jan.-mrt. zo.-vr. 9-19, za. 9-21, apr.-okt. dag. 9-22, nov.-feb. ma.-vr. 10-20, za.9-22, zo. 9-19 uur, € 14,50, 10-17 jaar € 10

Verzet
Verzetsmuseum

Weer over de Tweede Wereldoorlog maar nu in een ander perspectief. Het gaat om verzet en collaboratie en alles wat daartussen zit. Het knappe aan dit museum is dat zij jou elke keer de vraag laat stellen: wat zou ik hebben gedaan? Het kindermuseum informeert de jongeren onder ons op een meer speelse wijze: je krijgt je eigen persoonsbewijs en daarop kun je Joods zijn, of NSB'er of

verzetsstrijder. Over beleving gesproken.
Plantage Parklaan 61, Amsterdam, www.verzetsmuseum.nl, ma.-vr. 10-17, za., zo. 11-17 uur, € 11, 7-16 jaar € 6

Grieken en Egyptenaren
Rijksmuseum van Oudheden

Egyptenaren, Grieken, Romeinen: alles wat je over de Oudheid altijd al hebt willen weten, vind je hier terug. De Egyptische collectie is een van de beste ter wereld met sarcofagen, mummies en zelfs een hele grafkapel. Ook de resten van de Romeinse overheersing van de Lage Landen krijgen veel aandacht.
Rapenburg 28, Leiden, www.rmo.nl, di.-zo. 10-17 uur, € 12,50

Een écht slot
Loevestein

Slot Loevestein: een kasteel zoals kinderen ze tekenen: torens, ophaalbrug en een slotgracht. Iedereen kent het verhaal van de ontsnapping van Hugo de Groot uit Loevestein in een boekenkist (er is een escaperoom in het kasteel!), maar het kasteel had een sleutelrol in de Hollandse Waterlinie. Binnen wacht archeologie, geschiedenis en veel, vooral interactieve, presentaties.
Loevestein 1, Poederoijen 2, www.slotloevestein.nl, juli-aug. dag. 11-17, sep., mei, juni di.-zo. 11-17, mrt., apr., okt. za., zo. 11-17, nov.-feb. tot 16 uur, € 13,50, -18 jaar € 9

Religieus erfgoed
Het grootste museum

In 2016 hebben verschillende religieuze organisaties de handen ineengeslagen en zijn 'Het grootste museum' begonnen. Onder deze noemer wordt een groot aantal kerken en religieuze instellingen samengebundeld en naar buiten gebracht als interessante culturele en architectonische plekken. Van de kathedraal in Den Bosch tot de Joods-Portugese synagoge in Amsterdam: bekijk deze gebouwen en hun interieur met een culturele bril, bewonder het 15e-eeuwse houtsnijwerk, de enorme koperen kroonluchters of de eenvoud van de eeuwenoude Groningse wierdenkerkjes.
www.grootstemuseum.nl

Buiten spelen

Musea hebben de naam stoffig en saai te zijn, maar dat is allang niet meer zo. Steeds vaker kun, of moet, je zelf iets doen: er worden tekenlessen gegeven, jungletochten georganiseerd of hele dorpen nagebouwd. In het moderne museum kun je ook spelen: met treintjes, bootjes, wilde dieren, in molens of een cel. Daarom zijn veel musea heel geschikt om met kinderen heen te gaan. De museumvereniging heeft speciale Museumkids aangesteld om te inspecteren welke musea het leukste zijn voor kinderen (museumkids.nl). Hieronder onze favorieten

Met treintjes spelen

Nationaal Spoorwegmuseum

Alles over treinen: van miniatuur tot stoomlocomotief en van het verhaal van 175 jaar spoorwegen in Nederland tot een achtbaan (darkride) door de geschiedenis. In dit oude station aan de Maliebaan staan natuurlijk ook échte treinstellen die in de zomer ook écht tochtjes door de buurt maken.

Maliebaanstation 16, Utrecht, www.spoorwegmuseum.nl, di.-zo. 10-17 uur, € 16

Heilige Land Stichting

Museumpark Orientalis

De Heilige Land Stichting is gemoderniseerd. Het park vertelt niet meer alleen het bijbelverhaal maar neemt je mee op een reis door het Midden-Oosten. In de drie themadorpen – het Joodse dorp, het Arabische dorp en de Romeinse straat – kun je op een leuke en leerzame, manier deze culturen en religies leren kennen.

Profetenlaan 2, Nijmegen, www.museumparkorientalis.nl mrt.-okt. di.-zo. 11-17 uur., € 10, 4-15 jaar € 6

In de bak

Het Gevangenis Museum

In dit museumdorp leer je hoe in Nederland vanaf 1600 met gevangenen werd omgegaan. Het museum in gevestigd in het zogenaamde 'dwanggesticht voor bedelaars en landlopers' Veenhuizen. Het is een bijzonder dorp met een interessante geschiedenis, meer dan honderd rijksmonumenten en vijf gevangenissen die nog steeds in gebruik zijn. Dus, spannend genoeg voor het hele gezin.

Oude Gracht 1, Veenhuizen, www.gevangenismuseum.nl, di.-zo. 10-17 uur, € 9, 5-12 jaar € 4,50

Langs de Zuiderzee

Zuiderzeemuseum

Het leven zoals het er uitzag toen het IJsselmeer nog Zuiderzee was met vissers, nettenmakers, molenaars en dominees. Hier kun je ambachten leren waarvan je niet wist dat ze nog bestaan. In de zomer kom je met een boot aan in het havenstadje.

Wierdijk 12, Enkhuizen, www.zuiderzeemuseum.nl, binnenmuseum dag. 10-17 uur, buitenmuseum mrt.-nov., € 8, 4-12 uur € 4

In de voetsporen van de Romeinen

Archeon

Van plaggenhutten tot Romeinse tempels: in het Archeon ga je terug naar de periode dat de Romeinen de Lage Landen bestuurden, althans tot aan de grote rivieren. Ten zuiden van de Rijn bouwden de Romeinen forten (de limes) om het Rijk te beschermen tegen invallen van Germanen. In Alphen aan den Rijn stond vroeger ook zo'n fort en

Dierenpark Emmen heet tegenwoordig Wildlands.

uit de archeologische opgravingen is dit museum ontstaan.

Archeonlaan 1, Alphen aan den Rijn, www.archeon,nl, apr.-okt. di., do., vr. 10-16, wo., za., zo. 10-17, nov.-mrt. za., zo 11-17 uur, €19,90, 4-9 jaar € 18,40

Heel veel molens

Zaanse Schans

Hollandser dan dit wordt het niet! Langs de Zaan staan acht gerestaureerde én draaiende molens, eentje om water uit de polder te pompen, een andere voor het zagen van hout en weer een andere om verf te maken. Allemaal toegankelijk en leerzaam. Op de schans ook een replica van de eerste kruidenierswinkel van Albert Heijn. Bovendien een fijn restaurant met terras aan het water.

Schansend 7, Zaandam, zaansmuseum.nl, dag. 10-17 uur (voor winkels en musea op de schans, zie www.dezaanseschans.nl), €1 5/10, 4-17 € 6/10

Bijzondere dierentuin

Wildlands

In Wildlands voel je je één met de natuur en haar bewoners. Hier loop je door het oerwoud of de woestijn en denk je zelfs dat je op de Noordpool bent, inclusief echte ijsbeer! De dierentuin van de toekomst.

Raadhuisplein 99, Emmen, www.wildlands.nl, sept.-juni dag. 10-17, juli, aug. 10-18, € 30, 3-9 jaar € 27,50

Ouderwets spelen

Oud-Valkeveen

Misschien is dit pretpark leuker voor volwassenen dan kinderen omdat er de afgelopen 50 jaar niets veranderd lijkt te zijn. Het kneuterige en kleinschalige maakt het wel bijzonder aantrekkelijk om een dagje met het hele gezin heen te gaan. Natuurlijk met achtbaan(tje).

Oud Huizerweg 2, Naarden, www.oudvalkeveen.nl, mei-sep/ dag. 10-17, in de vakanties van 10-18 uur, € 10,50

Heel bekend konijn

Nijntje Museum

Van Japan tot Canada: iedereen houdt van Nijntje. Dit museum is speciaal ingericht voor de kleintjes en is voor hen een fantastische plek om te spelen, puzzelen, kleuren en naar verhalen te luisteren. Natuurlijk zijn er ook 'workshops' tekenen, schilderen of stempelen à la Dick Bruna.

Agnietenstraat 2, Utecht, www.nijntjemuseum.nl, di.-zo. 10-17 uur, 2-12 jaar € 9,50, 13+ €4

Pauze, even rebooten in deze verborgen hofjes en tuinen

11

Je moet het even weten, want anders loop je er zo aan voorbij. Stap je toch door de poort, dan sta je ineens in een mooie binnentuin, omringd door vaak lieflijke huisjes. De typisch Nederlandse hofjes zijn oasen van rust in diverse steden.

Prinsentuin, Groningen

Hofjes – een typisch Nederlands fenomeen – of gasthuizen zijn plekken waar vroeger arme en zieke mensen mochten wonen en werden verzorgd, of waar vreemdelingen konden overnachten. Meestal gebouwd rondom een van buitenaf te bereiken tuin. De Prinsentuin in Groningen is een voorbeeld daarvan uit 1626. Behalve de rozentuin en kruidentuin is de zonnewijzer hier een bezienswaardigheid. En vraag je je af waarvoor het blauwe muurtje in de tuin dient? Dat moest voorkomen dat men drank de tuin ingooide in de tijd dat het Prinsenhof nog een militair hospitaal was.

Turfsingel 43

Samuel de Zee's hof, Leiden

Leiden telt 35 hofjes, allemaal in de binnenstad en allemaal een bezoek waard. Het grappigste verhaal komt van het Samuel de Zee's hof (1723). Boven de ingang ervan staat: 'Geeft god alleen de eer voor goede dognie rijke neeven ende nigten deed Samuel de Zee dit bij sijn leeven stigten'. Het zat namelijk zo: Samuel de Zee had nogal een hekel aan

Prinsentuin Groningen.

Hofje van Letmaet, Gouda.

zijn familieleden. Maar hij had, ondanks vier huwelijken, geen kinderen, dus zijn kapitaal zou na zijn dood tegen zijn wil toch naar die neven en nichten gaan.
Doezestraat 14-18

Schat van Schoonderloo, Rotterdam

De moderne stad Rotterdam kent geen kloostertuinen en hofjes. Toch is de Schat van Schoonderloo in Rotterdam (2003) een bezoek waard. Een rosarium, een vijver en grote fruitbomen. Ooit was deze plek in Rotterdam-West een braakliggend kavel waar afgedankte koelkasten werden gedumpt. Buurtbewoners maakten een herinrichtingsplan voor de binnenplaats en de tuin heeft nu een belangrijke functie in de buurt. Voor kinderen, natuurgenieters, rustzoekers en allerlei vogelsoorten.
Havenstraat 144

Wildemanshofje, Alkmaar

Gerrit Wildeman was rijk geworden met handel in koloniale waren, maar aan het einde van zijn leven waren zijn vrouw en twee kinderen al overleden. Hij besloot dat er met zijn erfenis een nieuw armenhuis gebouwd moest worden voor vrouwen op leeftijd. Zo ontstond hofje Wildeman (1713). Saillant detail is dat er nu, driehonderd jaar later, nog steeds geen mannen mogen wonen, de woningen rondom het hofje worden nog altijd enkel bewoond door vrouwen. Deze worden ook wel de 'hofdames van Alkmaar' genoemd.
Oudegracht

Hofje van Letmaet, Gouda

Het hofje van Letmaet (1616) zou ook weduwenhofje kunnen heten. Harman Letmaet benoemde zijn moeder tot enige erfgename op voorwaarde dat ze zijn geld zou gebruiken voor een goed doel. Na Letmaets dood liet zij een hofje bouwen met huisjes voor arme weduwen zonder kinderen. Het is één van de drie overgebleven hofjes in Gouda; in de 17e eeuw waren er nog meer dan twintig. De tuin van het Hofje van Letmaet is open voor iedereen.
Nieuwehaven

Hofje van Oorschot, Haarlem

Het oudste hofje van Nederland is te vinden in Haarlem en is gebouwd in 1395. Het Hofje van Oorschot (1768) is niet dit oudste, maar wel het chicste van de stad. Tegenover de plek waar het

hofje zou komen, woonden namelijk twee stadsbestuurders die een mooie en vooral chique tuin eisten, met een hek in rococostijl. Het geheel werd zo duur dat de nalatenschap van Wouter van Oorschot (20.000 gulden) niet voldoende was en het stadsbestuur moest meebetalen. Het bronzen beeld van Eva dat er nu nog staat, is een replica; het origineel werd uit de tuin gestolen.
Kruisstraat 4

De Steile Tuin, Arnhem

Meteen achter het station van Arnhem kun je Park Sonsbeek in. Daar vind je ook de Steile Tuin. In de 19e eeuw was dit ommuurde gedeelte van het park de moestuin van Baron Van Heeckeren, de toenmalige eigenaar van het park. In 1904 werd een bloementuin aangelegd. Opvallend aan de Steile Tuin zijn de hoogteverschillen. Deze zijn geïnspireerd door de rijstakkers in Nederlands-Indië. Geniet van het beekje en de watervallen en speel met de spreekbuizen die uit de grond komen, waardoor je op afstand met elkaar kunt praten – kinderen zijn er dol op!
Zijpendaalseweg 30

Begijnhof, Amsterdam

Het klinkt vreemd voor iets dat midden in het centrum van de hoofdstad ligt, maar het Begijnhof is een hof van stilte. Bezoekers wordt dus verzocht zachtjes te doen.

Wildemanshofje Alkmaar.

Gewoon even zitten, lopen, kijken. Het is de oudste tuin uit deze serie, hoewel onduidelijk is wanneer hij precies is gesticht. Het moet ergens in het midden van de 14e eeuw zijn geweest. Het is ook een van de oudste nog bestaande grachtentuinen. Hij ligt zelfs een meter lager dan de rest van de binnenstad, namelijk op het middeleeuwse straatniveau.
Begijnhof 30

Rusthof, Den Haag

Ook dit hofje in Den Haag was oorspronkelijk bedoeld voor alleenstaande en arme vrouwen. Het werd op 15 april 1841 gesticht door Elisabeth Groen van Prinsterer. Omdat ook het echtpaar

Groen van Prinsterer kinderloos bleef, kon 'Betsy' samen met vriendinnen veel energie steken in de verbetering van het lot van minderbedeelden. Bij het Rusthof richtten zij een naaischool op voor arme meisjes. Inmiddels zijn de woningen en de school aangepast aan deze tijd, maar het Rusthof is nog steeds een groene oase midden in de Haagse binnenstad.
Parkstraat 41-61

Pandhof van de dom, Utrecht

Vlak bij de domkerk van Utrecht ligt ook een tuin. Volgens Utrechters is dit Pandhof, dat uit de 15e eeuw dateert, zelfs een van de mooiste binnentuinen van Nederland. Volgens sommigen zelfs mooier dan de dom zelf – maar dat mag je alleen zachtjes zeggen. Hier kweekten de kloosterlingen die er vroeger omheen woonden hun sierplanten, kruiden, medicinale planten en verfstof. Nog steeds groeien er meer dan 140 soorten bloemen en kruiden. Bijvoorbeeld vingerhoedskruid, een kruid dat nog steeds wordt gebruikt tegen hartritmestoornissen.
Achter de Dom 1, Utrecht.

OOK DE MOEITE WAARD

Frans Loenenhofje, Haarlem
Tien huisjes rond een ruime tuin.

Begijnhof in Breda
Een oase van rust vlak bij de binnenstad.

Hofje de Poth, Amersfoort
Rond dit hofje wonen de minderbedeelde ouderen van de stad.

De hofjes, Zutphen
Een aantal 'liefdadigheids- en exploitatiehofjes'.

Speyart van Woerden's Hofje, Utrecht
De woningen rond dit hofje boden ooit onderdak aan kinderloze weduwen en vrouwen boven de vijftig.

Twaalf toekomstige klassiekers

Of je ervan houdt of niet: er is in Nederland veel ruimte voor moderne, uitzonderlijke, gewaagde architectuur. Deze twaalf futuristische gebouwen zullen op een dag tot ons cultureel erfgoed behoren.

1. Markthal, Rotterdam

Deze 'koopkathedraal aan de Maas' is 40 meter hoog en herbergt behalve 96 kraampjes ook winkels, cafés en 200 appartementen. De hal, ontworpen door architectenbureau MVRDV, heeft al diverse architectuurprijzen gewonnen. Een Britse krant schreef dat de hal van binnen lijkt op een psychedelisch ingerichte kamer uit Alice in Wonderland. Kunstenaar Arno Coenen is verantwoordelijk voor de megabloemen op de binnenmuren. Gewoon een 'harinkie' eten kan er ook; wel op zijn kop graag, zoals het hoort in Zuid-Holland.

Ds. Jan Scharpstraat 298, Rotterdam.

2. Centraal Station, Rotterdam

Het had dik negen jaar geduurd, maar in 2014 ging het nieuwe Centraal Station van Rotterdam dan toch eindelijk open. Voor de bouw (het ontwerp is een coproductie van architectenbureaus, onder andere Benthem Crouwel Architects) werd 3000 ton staal gebruikt en de kosten van het project bedroegen 633 miljoen euro. Maar dan heb je ook wat. De bijnaam voor de bijzondere poort, die van aluminium lijkt gemaakt, is 'Station Kapsalon'. Dat verwijst naar het aluminium bakje van de 'kapsalon', een van origine Rotterdamse snack met shoarma, patat, salade, kaas en knoflooksaus.

Rotterdam Centraal Station.

3. Filminstituut EYE, Amsterdam

'De architecten van het EYE, de Oostenrijkers Roman Delugan en Elke Delugan-Meissl, blijven vandaag uit protest weg bij de officiële opening', schreef NRC in 2012. De Delugans waren boos over een sluis tussen de zaal en foyer, die er moest komen voor de brandveiligheid. Bezoekers zaten er niet mee: het bijzondere gebouw trok in het eerste jaar al 670.000 mensen. Jammer alleen dat deze 'diva aan het IJ' met haar kont naar Noord ligt, vindt directrice Sandra den Hamer zelf. Maar vanuit de stad gezien ligt ze er prachtig bij.

IJpromenade 1, Amsterdam.

4. Uitbreiding Museum de Fundatie, Zwolle

In 2013 kreeg Museum de Fundatie in Zwolle een uitbreiding, en wat voor één: een gigantische ellipsvormige opbouw, bekleed met maar liefst 55.000 wit-blauwe tegeltjes. In deze 'wolk' of 'het zwevende oog' (twee van de vele bijnamen) bovenop het oude museum kwamen twee nieuwe tentoonstellingszalen. Prinses Beatrix, die het oog in 2013 opende, schijnt te hebben gezegd dat ze het 'helemaal fantastisch' vond. Het is een mooi symbool voor de grote collectie moderne en hedendaagse kunst die binnenin te bezichtigen is. Het prachtige uitzicht vanuit deze 'ufo' (een andere bijnaam) op de binnenstad van Zwolle is volgens de architecten van Bierman Henket puur toeval. Of geluk.

Blijmarkt 20, Zwolle.

5. Beeld en Geluid, Hilversum

Je hebt dit gebouw vast wel eens voorbij zien komen als decor van een televisieprogramma, en dat is niet bepaald toevallig: het Nederlands Instituut voor Beeld en Geluid in Hilversum bevat het gehele archief van de publieke omroepen. Dat betekent meer dan een miljoen uur aan radio, televisie, film en muziek. Neutelings Riedijk Architecten ontwierp het gebouw in 2006 en verzon een buitenkant geheel van glas. Grafisch ontwerper Jaap Drupsteen maakte daarna voor iedere zijde een groot glasgevelkunstwerk, door televisiebeelden uit het archief – onder andere een beeld van de gouden koets en een beeld van de brandende Twin Towers – helemaal te abstraheren.

Media Parkboulevard 1, Hilversum.

6. Inntel Hotel, Zaandam

Kleine, schattige, traditionele Zaanse huisjes kun je ook op elkaar stapelen – zoiets moet WAM architecten gedacht hebben. En ze hebben het ludieke plan uitgevoerd: in 2010 ging dit Zaanse hotel open: een opeenstapeling van zeventig verschillende traditionele Zaanse huisjes, in diverse kleuren maar vooral Zaans groen. Het was meteen een wereldwijde hit. Het blauwe huis op de hoek is geïnspireerd op een schilderij dat Claude Monet in 1871 in Zaandam schilderde. In werkelijkheid zijn het natuurlijk geen opgestapelde houten huisjes, maar is het een luxueuze, vierkante toren gemaakt van cement en kunststof. Het hotel is bijna 40 m hoog en telt twaalf verdiepingen.

Provincialeweg 102, Zaandam.

7. Groninger Museum, Groningen

Je loopt in Groningen het station uit en het eerste wat je ziet is het Groninger Museum. Ook al weet je niet wat het speelse gebouw precies is of voorstelt, het zal je toch opvallen. Het gebouw is bedacht door architect Alessandro Mendini, die expres allerlei verschillende vormen en materialen gebruikte. Je zou kunnen zeggen dat het een ratatouille van stijlen is; Mendini geloofde bovendien niet dat er een verschil bestond tussen 'hoge' en 'lage' kunst. In 1994 opende het Groninger Museum zijn gebouw, waarmee het uit deze serie van twaalf toekomstige klassiekers de oudste is.

Museumeiland 1, Groningen.

8. Stedelijk Museum, Amsterdam

Zo'n beetje iedere moderne vorm van architectuur of kunst kan rekenen op kritiek, maar geen gebouw van de laatste tijd kreeg zó veel kritiek als het nieuwe Stedelijk Museum in Amsterdam. Het architectenbureau Benthem

Het Bonnefantenmuseum in Maastricht.

inntel hotels.

Crouwel (dat ook meewerkte aan het Centraal Station van Rotterdam) ontwierp deze 'badkuip' en trekt zich er weinig van aan, want naast kritiek ('belachelijk ontwerp', 'waar zijn de badeendjes?') kreeg het ook lof ('geniaal', 'dit komt in de buurt van perfectie') van internationale deskundigen. Het immense gladde, witte gebouw siert sinds 2012 het Museumplein, en is ook meteen zelf het meest gewaagde 'kunststuk' van de collectie.
Museumplein 10, Amsterdam.

9. Blob, Eindhoven

Blob is de afkorting van Binary Large Object, een term uit de computerwereld voor een spaghetti-achtige brij van data. In de architectuur gebruikt men de term voor een vreemdsoortig gebouw dat allerlei vormen kan aannemen. Deze Blob is gebouwd als de entree van het winkelgebied in Eindhoven. Architect Massimiliano Fuksas ontwierp ook het plein ernaast. Het gebouw is vrijwel helemaal van glas en wordt zes keer per jaar gezeemd met een hoogwerker. Ook moest er een hoge glasverzekering voor komen. Het kleine broertje van de Blob in dezelfde stad is er ook al. Die heet de Bubble.
Nieuwe Emmasingel 12, Eindhoven.

10. Drents Museum, Assen

Ook hier is het moderne gedeelte, net als bij Museum de Fundatie in Zwolle, een uitbreiding van een bestaand gebouw. Opmerkelijk aan de uitbreiding van het Drents Museum in Assen is dat deze niet op of aan het museum, maar grotendeels onder de grond ligt. Op het maaiveld komt de ondergrondse hal naar boven in een heuvel, waarop weer een stadstuin is ontworpen. Erick van Egeraat is de architect van de museumuitbreiding die in 2011 werd opengesteld. Hoewel je misschien zou denken dat een kelderruimte automatisch donker is, is dat hier zeker niet het geval. Via een wit marmeren trap bereik je de ondergrondse hal, die groot, smetteloos wit en helverlicht is.
Brink 1, Assen.

Intell Hotel Zaandam.

11. Bonnefantenmuseum, Maastricht

In Maastricht staat een raket. Oh nee, het is een kunstmuseum. Het bestaat al sinds 1884, maar begin jaren negentig was er geld en liet het museum de Italiaanse architect Aldo Rossi een raketvormige toren aan de Maas ontwerpen, waarmee de skyline van Maastricht een zeer markant gebouw rijker was. Het in 1995 geopende museumgebouw is van binnen ook een bezienswaardigheid, bijvoorbeeld door de enorme straat van trappen ('Treppenstraße') die erdoorheen loopt. De inspiratie hiervoor komt van de Montagne de Bueren, de bekendste en breedste 'trappenstraat' van België.
Avenue Céramique 250, Maastricht.

12. Restaurant Aan Zee, Oostvoorne

Aan de ene kant past het industriële ontwerp van Restaurant Aan Zee goed bij de echte industrie van de Rotterdamse haven, die aan de overkant van het Oostvoornse Meer begint. Maar vanaf de Noordzee gezien is het omhoog krullende gebouw juist weer opmerkelijk modern, midden in het natuurgebied Voornes Duin. Vroeger lag hier het zogenaamde autostrand van Oostvoorne en stond er alleen een patatkraam. In 2004 vroeg de gemeente om ideeën voor deze plek. Emma Architecten ontwierp het gebouw dat in 2011 opende. Ook bijzonder: zowel bij de bouw als in het restaurant wordt rekening gehouden met duurzaam gebruik van grondstoffen en producten.
Strandweg 1, Oostvoorne.

Register

Omslag: Kinderdijk (Huber-Images, Olimpio) en Engbertsdijkvenen (AVD ANWB)

illustratie blz 2: Konopik

Ad Snelderwaard: blz. 50 boven, 61
Angela Heetvelt: blz. 54
AVD ANWB: blz. 8/9, 39, 74
Bjorn Eerkes: blz. 84
Bonnefantenmuseum: blz. 89
Buiten-Beeld: blz. 58 onder
Château Neercanne: blz. 50 onder (Etienne van Sloun)
Fries Museum: blz. 64
Gerard op het Veld: blz. 49, 51
Herinneringscentrum Kamp Westerbork: blz 62
Hollandse Hoogte: blz. 37
Huber-Images: blz. 35
Inntel Hotel: blz. 90
Kröller-Müller Museum: blz. 55 (Wieneke Hofland), 56 (Jannes Linders)
laif: blz. 32, 70
Museum de Fundatie: blz. 78 (Joep Jacobs)
Nationaal Militair Museum; blz. 81 (Anne Reitsma)
Noordbrabantsmuseum: blz. 45
Paul Tolenaar: blz. 3, 34
Rijksmuseum: blz. 76/77 (Erik Smits)
Ruben Drenth: blz. 4/5, 10/11, 12/13, 16/17, 85, 86
Shutterstock: blz. 6/7, 14/15, 18/19
Staatsbosbeheer: blz. 58 boven
Visit Brabant: blz. 42, 43, 44, 46
WikiCommons: blz. 22/23, 31, 24 boven (F. Lang), 24 onder, 48, 72 (Arch), 26 (Rijksdienst Cultureel Erfgoed), 27 (Zairon), 29 boven (Andrew Crump), 29 onder (Joyce Rutjes), 30 (Ahmed Elnagar), 38 (Willem Blaeu), 39, 75 (Bert Kaufmann), 41 (Michiel Verbeek, 63 (Saffier1), 65 boven (Ziko van Dijk), 65 onder (Wutsje), 66 (Emperoredwin), 67 (Tresoar/Haye Bijlstra), 68 (Pnieuwla), 69 (Niels Elgaard Larsen), 71 (Mecanoo)
Wildlands Adventure Zoo Emmen: blz. 83

Colofon

Hulp gevraagd!

De informatie in deze reisgids is aan verandering onderhevig. Het kan dus wel eens gebeuren dat je ter plaatse een andere situatie aantreft dan de auteur.
Is de tekst niet meer helemaal correct, laat ons dat dan even weten.

Ons adres is:
Uitgeverij ANWB
Redactie KBG
Postbus 93200
2509 BA Den Haag
anwbmedia@anwb.nl

Productie: Uitgeverij ANWB
Coördinatie: Els Andriesse
Tekst: Amir Andriesse, Quinten Lange, Angela Heetvelt, de Kampioen, Reinhard Tiburzy, Travelingo, Nina van den Broek
Eindredactie: Machiel Rebergen
Opmaak omslag: Atelier van Wageningen
Opmaak: Amir Andriesse, Quinten Lange en Hubert Bredt
Concept: DuMont Reiseverlag
Grafisch concept: Eggers+Diaper
Cartografie: Winifred Broeder

Eerste druk
ISBN: 978-90-18-04381-0